ひろさちやのいきいき人生 4

密教にまなぶ

ひろさちや【著】

春秋社

まえがき

もう半世紀も昔の話ですが、小さな水槽に金魚を飼っていました。そのとき、ふと、

〈こんな狭い水槽の中で、金魚は閉所恐怖症にならないものか……?〉

と疑問に思ったのです。ときどきわたしは、そんな変なことを考えます。

それで、知り合いの生物学者に聞いてみました。

「それは余計な心配です。だって、金魚の記憶力は、たかだか十五秒程度のものですから……」

彼はそう教えてくれました。十五秒であったか、十秒であったか、正確には覚えていませんが、金魚は十秒か十五秒もすれば、まったく新しい世界に生きることになります。だから閉所恐怖症になるわけがありません。

それでわたしはすっかり安心しました。金魚のために心配することをやめにしたのです。

＊

ところで、密教とは何でしょうか？

普通、仏教とは「仏になるための教え」とされています。もちろん仏教とは、「仏の教え」です。しかし、わたしたちはその「仏の教え」を学んで、わたしたち自身が「仏になること」を目指すのです。それが仏教の基本です。

けれども、詳しいことは本論において述べますが、わたしは密教を、

――仏のまねをして生きる教え――

と定義しています。われわれ自身が仏になることは、なかなか大変です。それにはものすごい修行が必要でしょう。でもまねをするだけであれば、あんがい簡単にできそうです。まねして、まねして、とことんまねをする。それであればわたしにもできそうです。わたしは密教をそういうふうに理解しています。

そこで話は変わりますが、

《どうせ私を　だますなら
　だまし続けて　欲しかった》

バーブ佐竹がそう歌っています（「女心の唄」山北由希夫作詞、吉田矢健治作曲）。最後の最後まで、息を引き取る瞬間まで騙された女は、結局は騙されていないのです。だから

仏のまねをし続ければ、その人はあんがい仏になったのではないでしょうか。密教とは、そういう仏教だとわたしは思います。

では、わたしたちはどのように仏のまねをすればよいのでしょうか……? それを論じたのが本書です。たいていの密教の本は、密教の理論を論じています。しかし密教の理論に通暁できても、わたしたちの生き方にはちっとも変わりがありません。それなら無理して密教を学ぶ必要はないのです。

そこでわたしは本書において、徹底して密教を実生活の中で役立てることを考えました。われわれはこの人生を、いかに密教的に生きるか。ということは、実生活においていかに仏のまねをするかということになりますが、それを考えたのが本書です。ですから本書は、ちょっと毛色の変わった、

――密教応用学――

の本なんです。そう思って読者は本書をお読みください。

ところで、わたしはときどきこう尋ねられます。

「仏をまねて生きるということはよく分かります。でも、やはりそれだってしんどいですよ。まねているつもりが、つい鍍金《めっき》が剝《は》げて地金が出てしまいませんか。息切れがしませんか。まねをして、まねをして、徹底的にまねをするなんて、やはり相当にむずかしいこ

とではありませんか⁉」

そんな質問に、わたしは金魚の記憶力の例で答えることにしています。

「金魚は、十五秒すればまた新しい世界に生きるのです。それは、赤ん坊だって似たようなものですね。いま泣いているかと思えば、赤ん坊は次の瞬間に笑っているのです。わたしたちも仏のまねをして失敗しても、また次の瞬間にまねをすればいいではありませんか。そういう考え方をするのが密教ですよ」

わたしたちは、ずっと仏であり続けねばならないと思っています。でも、そんなことは無理ですよ。わたしたちは凡夫なんだから、当然、仏ではありません。仏ではない凡夫が、仏であり続けることは不可能です。

だから、十五秒間の仏であればいいのです。いや、十五秒間、仏のまねをします。

その十五秒の後には、また十五秒間、仏のまねをする。

しんどくなれば、やめる。忘れてしまえば、そんなことは気にしない。また思い出したら、十五秒間、仏のまねをする。

わたしは、それでいいと思います。

どうか読者も、気軽に仏のまねを始めてください。あんまり気張らないで、のんびりとやる。わたしはそれが密教の極意だと思っています。

そして読者は、本書を気軽に読んでください。仏教の修行なんてことを考えずに、密教は楽しく人生を生きる、その方法を教えてくれていると思えばよいのです。わたしはそういう気持ちで本書を執筆しました。ともかく、われわれは人生を、

――のんびり、ゆったり――

と生きればよいのです。それが密教の教えの極意だとわたしは思っています。

ひろさちやのいきいき人生４　密教にまなぶ

目次

Ⅱ　密教をどう生きるか？

ひろさちやのいきいき人生４　密教にまなぶ

Ⅰ　密教とは何か？

1

小乗仏教・大乗仏教・密教

▼秘密の教え

密教とは何でしょうか……?

じつは密教といっても、インドの密教もあれば、チベットの密教、中国の密教、日本の密教とさまざまなものがあります。しかし、わたしたちは密教に「生き方」を学ぼうとしているのですから、あまり学問的な密教の分類には関心がありません。したがって、ここでは日本の密教、真言宗の密教と天台宗の密教を中心にして話を進めることにしましょう。

そうすると、密教というのは、簡単に言って、

——秘密仏教——

なんです。密教に対してそれ以外の仏教を「顕教《けんぎょう》」といいます。教えが顕《あら》わになっているのです。それに対して「密教」は、教えが秘密にされています。そこに密教の大きな特色があります。

もっとも、秘密といっても、仏はわざと教えを隠しているのではありません。いや、不用意にそれを説くと、聞く側の衆生がそれを誤解・曲解する場合もあります。それで仏のほうではそれを説かずにおく。そういう秘密もあることはありますが、密教においては、むしろ仏は堂々と、あっけらかんと教えを説いておられます。にもかかわらず「秘密」になっている。そういう場合のほうが多いと思います。

たとえば、インド人が二人、ヒンディー語で横にいる日本人の悪口を言っています。しかしヒンディー語を知らない日本人は、自分の悪口を言われているとも知らず、にこにこしています。そういうケースもありますね。これはインド人が隠しごとをしているわけではありません。堂々と、あっけらかんと喋っているのですが、しかし秘密になっています。

それと同様に、仏は堂々と、あっけらかんと語っておられます。にもかかわらず、わたしたちに仏の言葉を理解する能力がないもので、仏の語られる教えが「秘密」になってしまう。密教というのは、そういう「秘密の教え」だと思ってください。

▼母語の学び方

この点に関しては、『法華経』の「方便品」にある次の言葉が参考になると思います。

「止みなん。舎利弗《しゃりほつ》よ、また説くべからず。所以《ゆえ》はいかん。仏の成就せる所は、第一の希有《けう》なる難解の法にして、唯《ただ》、仏と仏とのみ、乃《すなわ》ち能《よ》く諸法の実相を究《きわ》め尽せばなり」

――「やめよう。舎利弗よ、説いても無駄である。なぜかといえば、仏が悟った真理は最高にして比類なきものであり、人々が理解できるものではない。ただ仏と仏のあいだだけであらゆるものの真実の相《すがた》（諸法の実相）を究めることができるのである」――

これは舎利弗を相手に釈迦世尊が語られた言葉です。舎利弗はサンスクリット語ではシャーリプトラといい、小乗仏教の優等生です。しかし、その小乗仏教の優等生に対して、釈迦は、わたしの悟った最高にして比類なき真理は人間の理解できるものではないと言われています。それは、ただ仏と仏とのみが理解できるのです。

これは、仏と仏が仏語でもって会話をしておられます。〝仏語〟というのは「仏の言葉・言語」です。フランス語ではありません。二人の仏が仏語でもって語っておられます。二人にとってそれは母語だから、つうかあです。互いに相手の言っていることがよく分かります。しかし、われわれ衆生にはその仏語が理解できません。まさに秘密になっているのです。『法華経』が言っているのは、そのことです。

では、どうすればよいのでしょうか？

われわれが仏語をマスターすればいいのです。われわれが仏語を修得すれば、仏の語られることが理解できます。

問題はその修得の仕方です。

この点はあとでまた論じなければなりませんが、言語の修得の仕方に二通りがあります。

一つは……母語の修得法です。

もう一つは……外国語の修得の仕方です。

わたしはどうも外国語が苦手なんですが、その理由は自分でよく分かっています。文法的に正しく、完全にまちがいのない言葉を喋らねばならない――と思ってしまうからです。外国語なんだから、少々まちがっていてもいいではないかと、高をくくって話せばいいのです。けれども、そうと分かっていても、なかなかそうはいかない。だからわたしは外国語が苦手なんです。

母語の場合は、われわれは文法なんて気にしませんよね。まちがいをしても、平気でいます。いや、まちがいをしながら、母語を修得するのです。

じつは、密教の学び方は、この母語の学び方に似ています。われわれは仏の家に生まれ、仏の子として育っているうちに、自然に仏語をマスターするのです。そういう考え方が密教です。

それに対して顕教は、外国語を学ぶのに似ています。

もっとも、外国語を学ぶにも、母語を学ぶのと同じくうまく自然に学ぶ人もいます。しかし、文法的に正しく表現しないといけないなどと考えるのは、下手な学び方だと思います。母語を学ぶのと同じように外国語を学ぶのが上手なやり方です。まあ、ともあれ、母語を学ぶ要領で仏教を学ぶのが密教的で、外国語を外国語として学ぶのが顕教のやり方である。そのように言うことができそうです。

▼水のおいしさは言葉によっては伝わらない

さて、「仏教」というのは、文字通りに「仏・教」、すなわち「仏の教え」です。もっとも、キリスト教とくらべてみるとよく分かりますが、キリスト教は「キリストの教え」でありますが、仏教は「仏の教え」であると同時に、われわれ自身が努力して「仏になるための教え」です。しかし、キリスト教は、われわれが「キリストになるための教え」ではありません。イエス・キリストは「神の子」であって、われわれ普通の人間とは違った存在です。われわれはいくら努力しても「キリスト＝神の子」にはなれないのです。

けれども、仏教においては、われわれが努力して仏になることが期待されています。だから仏教は、「仏の教え」であると同時に「仏になるための教え」なんです。その点がキリスト教と根本的に違っていることです。

では、仏とは何でしょうか？

仏の密教的解釈は、顕教のそれとはだいぶ違っています。それについては後述しますが、ともかくいまは仏とは釈迦仏だと思ってください。釈迦は三十五歳のとき、十二月八日、ブッダガヤーの地において悟りを開いて仏になりました。その悟りを開いた仏の教えが仏教です。一般にはそのように考えられています。

ところが、ここに大きな問題があります。いささか学術的になりますが、面倒な人は以下の数行はざっと流し読みにしてください。

〝仏〟という語は、サンスクリット語の〝ブッダ（Buddha）〟を〝仏陀〟と音訳した、その省略形です。そして〝ブッダ〟という語は、「目覚める」といった意味の自動詞〝ブドゥ〟の過去受動分詞です。だから〝ブッダ〟は、素直に訳せば「目覚めた（人）」になります。

いいですか、〝ブッダ（仏陀・仏）〟というのは「目覚めた人」なんですよ。

それなのに、わたしは先程、〝悟りを開いて仏となった〟と書きました。一般にそういう表現が使われているからです。

だが、「悟った」となると、何を悟ったかが問題になります。わたしたちは、釈迦は真理を悟り、その悟った真理をわたしたちに教えてくれたと思っています。小乗仏教の人々はそのように考えました。そしてそれ故、釈迦の教えを十分に理解すれば、われわれにも釈迦が悟った真理が分かり、仏になれると思ったのです。そこに小乗仏教のまちがいがあります。

実際には、釈迦は「（真理を）悟った」のではなしに「（真理に）目覚めた」のです。この二つはまったく違いますね。

こんなふうに説明するとよいでしょうか。われわれは喉《のど》がからからに渇《かわ》いている状態で、一杯の水を飲みます。そして、

〈ああ、おいしい〉

と思います。しかし、その水のおいしさは言葉によっては伝達できません。百万言費《つい》やしても、そのおいしさを他人に伝えることは不可能なんです。

それと同じで、釈迦は真理に目覚めたのです。それは一杯の水を飲んだのと同じです。その水のおいしさは、言葉によっては伝達できません。その水のおいしさを知るには、わたしたちが水を飲まねばならないのです。そのことがまったく分かっていないのが、小乗仏教の人々です。

▼真理の世界にいたる古道

実際問題として、釈迦は悟りの境地に達したとき――〝悟りを開いたとき〟と言うより、〝悟りの境地に達したとき〟といった言い方のほうがよいでしょう――、伝道をためらっています。自分が達した境地を言葉でもって伝えることはできない――と考えたからだと思います。そのことは、いわゆる小乗仏教の経典によって確かめることができます。

だから釈迦は、悟りの境地に達してからほぼ一か月のあいだ、その境地を静かに自分自身で楽しみ、味わっていました。仏典はそれを、

――自受法楽《じじゅほうらく》――

と呼んでいます。みずから法の楽しみを味わっていたのです。「法」というのは、真理

を意味します。真理の世界にどっぷりと浸かって、じっくりと味わっていたのです。いわばこれは、無言語状態です。真理の世界を言語化せず、その中に浸《ひた》っている状態です。真理の中に溶け込んでいる、といえばよいでしょうか。

いまこれを言うと、話がややこしくなるかもしれませんが、じつは釈迦のこの無言語状態こそ仏教の原点ではないか、といった考えもあります。真理の世界を言語化せず、真理の世界に飛び込んで、それをじっくりと味わう。それこそが仏教ではないか——〈ああ、おいしいな〉とじっくり味わう。それこそが仏教ではないか——といった考え方です。そして密教というのは、こういう考え方をしているのだと思ってください。この点については、あとで詳しく触れることにします。

ところが、にもかかわらず釈迦は伝道に踏み切りました。

なぜでしょうか? たしかに真理の世界は言語化することはできません。みずから真理の世界に溶け込む、没入するよりほかないのです。一杯の水をみずから飲まずして、水のおいしさは分かりません。けれども、その水の飲み方を教えることはできます。どうすれば真理の世界に没入することができるか。その方法は教えることができます。

釈迦は、その方法を教えようとしたのです。

真理の世界が目的地——古城——だとすれば、その古城に達するための古道・古径を教えることができるのです。釈迦はその古道・古径を教えようとしたのです。
小乗仏教の経典である『サンユッタ・ニカーヤ』のうちに、「ナガラ（都城）」（一二の六五）と題される一経があります。少し長いのですが、左に引用しておきます。釈迦は次のように語っています。

「比丘《びく》たちよ、たとえば、ここに人ありて、人なき林の中をさまよい、ふと、古人のたどった古道を発見したとするがよい。その人は、その道にしたがい、進みゆいて、古人の住んでいた古城、園林があり、岸もうるわしい蓮池がある古き都城を発見したとするがよい。

比丘たちよ、その時、その人は、王または王の大臣に報告していうであろう。『尊きかたよ、申しあげます。わたしは人なき林の中をさまよっている時、ふと、古人のたどった古道を発見いたしました。その道にしたがって、ずっと進みゆいてみると、そこには古人の住んでいた古城がありました。それは、園林もあり、岸もうるわしい蓮池もある古き都城でありました。尊きかたよ、願わくは、かしこに城邑《まち》を築かしめたまえ』と。

比丘たちよ、そこで、王または王の大臣が、そこに城邑をつくらせたところ、やがて、その城邑はさかえ、人あまた集まりきたって、殷盛を極めるにいたったという。比丘たちよ、それとおなじく、わたしは、過去の正覚者たちのたどった古道・古径を発見したのである」（増谷文雄『阿含経典』第一巻、筑摩書房）

釈迦は、真理の世界を古城に喩えて、その古城にいたる古道・古径を発見したと言っています。われわれは釈迦に教わって、その古道・古径を歩んで行けば、誰もが古城（真理の世界）に到達できます。釈迦はわれわれにその古道・古径を教えようとしたのです。それが、釈迦が伝道に踏み切った理由だと思われます。

▼菩薩の精神

かくて釈迦は、ブッダガヤーからヴァーラーナシーに移り、そこで伝道を始めました。ところが、釈迦の教えを聞いた弟子たちは、みんな釈迦の教えを誤解してしまったのです。

どのように誤解したか？

まず彼らは、釈迦の弟子になるためにはみんな出家しなければならないと思ったのです。釈迦から教えを受けた弟子を〝声聞《しょうもん》〟といいます。これはサンスクリット語の〝シュラーヴァカ〟を訳したものですが、本来の意味は「教えを聴聞する者」であって、最初は出家であれ在家であれ、釈迦から教えを受けた者であったのですが、それが後期になると、出家者だけが声聞と呼ばれるようになりました。それが小乗仏教であって、つまり小乗仏教は出家至上主義の立場をとるようになったのです。

この出家至上主義が、小乗仏教の大きなまちがいです。

そして、小乗仏教を否定する大乗仏教においては、小乗仏教の出家至上主義に対して、

——菩薩《ぼさつ》の精神——

で対抗します。〝菩薩〟というのはサンスクリット語の〝ボーディサットヴァ〟の訳語で、「悟りを求める人々」「求道者」を意味します。仏道を歩んでいる人は誰でも菩薩であって、出家・在家を問わないのです。それが大乗仏教の考え方です。

だから、地蔵菩薩（お地蔵さん）は出家した僧の形でつくられますが、観世音菩薩（観音さま）は在家の姿をしておられます。菩薩の精神とは、出家のほうが偉い／在家のほうが偉いといった差別の思想と無縁です。みんな自分の好きな生き方をすればいいのです。出家者というのは、真の意味ではホームレスです。日本のお坊さんは出家者ではありません。日本のお坊さんは妻子を持ち、所得税を払っています。それはともかく、ホームレスになったほうが仏道を歩みやすいと思う人は、ホームレスになればいいのです。そして在

家者であったほうが仏道を歩みやすいと思う人は、在家のままでいいのです。それが菩薩の精神です。

この点に関しては、わが国の浄土宗の開祖の法然（一一三三―一二一二）が次のように言っています。

現世をすぐべき様は、念仏の申されん様にすぐべし。念仏のさまたげになりぬべくば、なになりともよろづをいとひすてゝ、これをとゞむべし。いはく、ひじりで申されずば、めをまうけて申すべし。妻をまうけて申されずば、ひじりにて申すべし。住所にて申されずば、流行して申すべし。流行して申されずば、家にゐて申すべし。自分の衣食にて申されずば、他人にたすけられて申すべし。他人にたすけられ申されずば、自力の衣食にて申すべし。一人して申されずば、同朋とともに申すべし。共行して申されずば、一人籠居して申すべし。衣食住の三は、念仏の助業也。（『禅勝房伝説の詞』）

――現世の暮し方は、念仏ができるように生きたらいい。念仏の妨げになることはやめたほうがいい。すなわち、聖《ひじり》で念仏しにくいのであれば、妻帯すればいいし、妻帯して念仏できないのであれば、聖になればよい。家に住んでいて念仏できないのであれば、遊行者になればいい。遊行で念仏できないのであれば、家に住めばいい。自活で念仏できないのであれば、他人の世話になればいいし、他人の世話になりながら念仏できないのであれば、自分で生活費を稼いで念仏すればよい。一人で念仏できないのであれば、仲間と一緒に念仏すればいい。皆と一緒では念仏できないのであれば、独り閉じ籠もって念仏すればよい。衣食住の三つは、みな念仏を助けるものであるべきだ――

法然は念仏信仰に生きた人ですから、「この世での暮らし方は、念仏ができるように生きたらよい」と言っていますが、これは「仏教者の暮らし方」を言ったものだと思ってください。つまり仏教者は、出家してもいいし／在家であってもいい、結婚してもいいし／しなくてもよいのです。ただ仏教的に生きることができればいいのです。法然は「菩薩の精神」を論じていると思ってください。

それから、大乗仏教のこの「菩薩の精神」は、基本的には密教にも通じるものですが、密教においてはどちらかといえば、もう少し在家優位に傾いているようです。というのは、密教の仏といえば、代表は大日如来になりますが、大日如来は瓔珞《ようらく》（装身具）や宝冠《ほうかん》（宝玉で飾った冠）を身につけた、在家の王者の姿で造像されます。釈迦仏や阿弥陀仏、薬師如来が出家者の姿で造像されるのと、だいぶ違っています。かといって密教が在家至上主義になるわけではありません。その点は早合点をしないでください。

▼中道の精神

小乗仏教徒（声聞の人々）が釈迦の教えを誤解したのは、もう一つあります。それは彼らが、自分たちは「優等生」にならねばならないと思ったことです。

優等生というのは、釈迦の教えを完全に理解した者です。そしてそのためには、まず出家をしなければならないと考えました。そこから小乗仏教の出家至上主義が生まれたのです。

これは大きなまちがいです。これはまるで現代日本の優等生さながらです。彼らは一流大学に入学するためには、遊びはもってのほか、睡眠時間を削ってまでして猛烈にガリ勉をしなければならないと思っています。

しかし、釈迦はそんなことを教えていませんよ。たとえば、あまりにも刻苦勉励にすぎるシュローナ（パーリ語だとソーナ）という弟子がいました。その彼に向かって、釈迦は次のように忠告しています。

「ソーナよ、そなたは家にあったとき、琴（ヴィーナ）を弾いたであろう。琴の絃《いと》は緩いといい音が出ないが、あまりにきつく締めすぎてもいい音が出ないばかりか、切れてしまう。いま、そなたは、絃を締めすぎているのだよ。もっとゆったりと修行を続けなさい」（『テーラ・ガーター・アッタカター』）

釈迦はシュローナに対して、「中道の精神」を説いておられるのです。

だから、小乗仏教の優等生意識（それは出家至上主義につながるものです）に対して、大乗仏教は、

――中道の精神――

を説きます。それは決して怠けよというのではありません。のんびり・ゆったりと仏という目標に向かって歩め！　というのが中道の精神です。

この点は、『法華経』（化城喩品）によく説かれています。

わたしたちは仏に向かって歩みます。しかし、仏という目的地にはなかなか到達できないのです。小乗仏教徒、すなわち声聞の人たちは、優等生であれば目的地に到達できると考えましたが、『法華経』はそうではないと主張しています。仏という目的地には、われ

われは幾度も生まれ変わり、死に変わりして到達できる。それが『法華経』の主張するところです。

ならば、われわれは別段、優等生になる必要はありません。休み休みしながら、のんびり・ゆったりと仏に向かって歩めばよいのです。それが『法華経』の主張であり、大乗仏教の考え方です。

▼方便の思想

この大乗仏教の考え方をもう一歩進めたのが密教です。密教の考え方を、わたしたちは、

――方便の思想――

と呼ぶことにしましょう。ただし〝方便〟という語は、一般に使われている「便宜的な手段」の意味ではありません。

密教経典の一つである『大日経《だいにちきょう》』(正しくは『大毘盧遮那成仏神変加持経《だいびるしゃなじょうぶつじんぺんかじきょう》』といいます)の「住心品《じゅうしんぼん》」には、

菩提心を因とし、大悲を根とし、方便を究竟《くぎょう》とす。

と書かれています。菩提心というのは、悟りを求める心、悟りを得たいと願う心です。それが因です。出発点なんです。ともかくもわれわれが悟りを得たいと願う。それがないと何事もはじまりません。

次に必要なのは大悲です。慈悲の心です。何か他人のためになることをしてあげたい。そう思う心が根になるのです。根がないと、植物は成長しませんよね。

小乗仏教には、この大悲がありません。小乗仏教は優等生の仏教であって、自分が悟りを得ることばかりを考えています。利他の心がない。だから小乗仏教はまちがっているのです。

そして最後に、「方便」が究竟となるのです。究竟というのは究極・無上・絶対です。また、この仏教語である〝方便〟は、サンスクリット語の〝ウパーヤ〟の訳語です。〝ウパーヤ〟は「近づく」といった意味です。一般的に使われている意味ではありませんから、注意してください。

さて、わたしたちは悟りを得ること、そして仏になることを目標にしています。けれども、その目標・目的に到達するには、無限といってよいほどの時間がかかります。幾度も幾度も、生まれ変わり、死に変わりして歩まないと、仏には到達できないのです。

それじゃあ、歩んだって無駄である。どうせ仏に到達できないのであれば、この人生を享楽的に生きたほうがよい。そういう考えも出てきそうですが、『大日経』はそうではないと言っています。

――方便、すなわち歩むことが絶対だ――

そう言うのです。われわれが、永遠に到達できない目標である仏に向かって歩み続ける。その歩み続ける姿勢のうちに、いわば仏があるのです。歩み続ける存在こそが仏なんです。これが密教の考え方です。

この「方便の思想」こそが、密教の基本原理です。わたしはそう思います。

▼苦を味わいながら生きる

「嘘も方便」といった言葉があります。正しい目的のためには、ちょっとした嘘をつくことも許される。あるいは、目的さえ正しければ、不正な手段としての嘘も許容される。そういった意味です。

でも、これはまちがっています。

これは、結果さえよければ、何をしたっていいという、

――結果第一主義――

の考え方です。そして現代日本人は、この結果第一主義に毒されています。金儲けのた

めには、少々の不正なことはやってもいい。選挙に勝つためには、国民を騙してもよい。日本の社会がそんなおかしな風潮になっています。そしてわたしたちは、どうせいつかは死ぬのだから、生きているあいだはおもしろ、おかしくやったほうがいい……といった、享楽的・刹那《せつな》的な生き方になっています。

それを叱っているのが「方便の思想」です。

わたしたちは、仏といった目標・目的に到達できません。しかし、その目標・目的に向かって、一歩半歩を歩むことはできます。そして、その歩む姿のうちに仏があります。仏とは何か？……といえば、まさに仏に向かって歩んでいる存在そのものなんです。

それが密教の思想であり、「方便の思想」です。

わたしは、もうすでに八十歳を超えました。

　馬齢《とし》だけは　釈迦と法然　超えにけり

釈迦も法然も、八十歳で入滅しています。その年齢を超えて、長生きさせてもらえているのです。

しかし、老齢になると、いろいろ困ることがあります。たとえば前立腺肥大といった老化現象です。頻尿であり、残尿感があります。なるほど、仏教でいう「老苦」です。

でも、わたしは、「老苦」を解消したいとは思いません。そりゃあね、ちらりとそういうふうにも考えますよ。けれどもすぐにわたしは、釈迦の言葉を思い出します。

アーナンダよ、いまやわたしは老い衰え、人生の旅路の果てに到達し、老齢になった。わが齢《よわい》は八十である。古ぼけた車が修繕を加えながらようやく動いているように、わたしのからだも修繕をしながらやっと動いているのだ。(『マハーパリニッバーナ・スッタンタ』二)

釈迦は侍者のアーナンダにそう語っておられます。老いにあっては、老いをじっくり味わいながら生きる。それが密教の「方便の思想」ではないでしょうか。

また、わたしは、人から、

「どうすれば苦しみをなくすことができますか?」

と問われます。娘が、妻子のある男性と不倫の関係にあった。それを忠告したら、娘が自殺した。苦しくってならない。先生、どうしたらこの苦しみを克服することができますか? そういった問いです。

でも、わたしは、苦をなくすことはできないと思います。もしも苦がなくなるのであれば、釈迦が教えた、は嘘になってしまいます。「人生のすべては苦だ」と釈迦が言ったのだから、苦がなくなることはないのです。

ならば、じっくりと苦を味わいながら生きるべきではないでしょうか。

わたしは、それこそが、密教の教える「方便の思想」だと思っています。

——一切皆苦——

2

仏のまねをする密教

▼「人間釈迦」にこだわる小乗仏教

小乗仏教の経典である『サンユッタ・ニカーヤ』(二二の八七)に「ヴァッカリ」と題される一経があります。

長老のヴァッカリが重病になりました。彼は、死ぬ前にもう一度釈迦世尊を拝したいと思い、病をおして王舎城《おうしゃじょう》(ラージャグリハ)郊外までやって来ます。そこで動けなくなり、陶工の家に収容されました。

ヴァッカリに随行していた弟子が、釈迦世尊の許に行き、その旨を告げました。すると釈迦は、自分のほうから陶工の家に行かれた。

入って来られる釈迦世尊を見て、ヴァッカリは病床から起き上がろうとします。だが、釈迦はヴァッカリにこう教えられました。

「いやいや、ヴァッカリよ、この汚らわしいわたしの身体を見ても何になろうぞ。ヴァッカリよ、法を見る者はわれを見る者であり、われを見る者は法を見る者である。ヴァッカリよ、まことに、法を見る者はわれを見る者であり、われを見る者は法を見る者である」（増谷文雄訳による）

これはなかなか重大な発言です。じつは釈迦のこの発言のうちに、のちに展開する、

――法身仏と色身仏――

の理論の芽生えがあります。

〝色〟というのは、ここでは「肉体」の意味です。したがって、「色身仏」とは「肉体を持った仏」です。インドの地に歴史的に実在した仏です。

それに対して「法身仏」とは、「法（教え）そのものを身体とした仏」の意味で、時間と空間の上には存在しない、時間と空間を超越した仏です。

小乗仏教は、歴史的に実在した釈迦、歴史上の人物である釈迦、すなわち肉体を持った

人間にこだわっています。そして現代の日本の仏教学者も、このような歴史上の人物である釈迦にこだわっています。そうすると、釈迦は「人間」になってしまいます。そりゃあ偉い人かもしれません。しかし、いくら偉いといっても、釈迦をソクラテスや孔子と同次元の人間にしてしまっていいのでしょうか。わたしはそうは思いません。仏教を「人間釈迦の教え」にしてしまう現代の仏教学者――というより仏教文献学者といったほうがよいかもしれません――は、まったく釈迦を貶《おとし》めています。

▼久遠実成の仏

それに対して釈迦の発言があるのです。あなたがたは、わたしの肉体にこだわらなくていい。わたしが教えた「法」を拝する。それがあなたがたのなすべきことだ。釈迦はヴァッカリにそう教えられました。

これが「法身仏」といった考え方です。

法身仏というのは、「法」を自己の身体とした仏です。「法」は釈迦の教えであり、真理です。そして真理は永遠ですから、法身仏とは永遠の仏です。

大乗仏教は、この法身仏の考え方をします。

たとえば、『法華経』がそうです。『法華経』は、釈迦という存在について、次のように語っています。
「汝等よ、諦《あきら》かに聴け、如来の秘密・神通の力を。一切世間の天・人及び阿修羅《あしゅら》は、皆、今の釈迦牟尼仏《しゃかむにぶつ》は、釈氏《しゃくし》の宮を出でて、伽耶城《がやじょう》を去ること遠からず、道場に坐して、阿耨多羅三藐三菩提《あのくたらさんみゃくさんぼだい》を得たりと謂《おも》えり。然るに善男子よ、われは実に成仏してより已来《このかた》、無量無辺百千万億那由他劫《なゆたこう》なり」

――「あなたがたよ、わたしはこれから如来の秘密の力、神通の力について語るから、よく聞きなさい。世間の人は、いや天人も阿修羅も、みな、わたし釈迦牟尼仏が釈迦国の宮殿を出て、ガヤーの街の近郊にある菩提道場において最高・窮極の悟りを得たと思っている。だが、そうではない。善男子よ、わたしは悟りを開いて仏となってから今日まで、無限宇宙時間を無限倍にし、さらにそれを無限倍にしたほどの時間が経過しているのだ」――

つまり、釈迦仏の寿命は、無限宇宙時間を無限倍し、さらにそれを無限倍したほどの長さです。要するに釈迦は永遠の存在だというのです。これが、

――久遠実成《くおんじつじょう》の仏――

といった考え方です。釈迦は永遠（久遠）の昔に仏となって出現しているのに、小乗仏教徒は、ブッダガヤーの地においてはじめて仏となったと、人間釈迦にこだわってまちがった考え方をしている。『法華経』の「如来寿量品」はそう言っています。

現代の仏教学者は、釈迦という存在を歴史的人物と見ています。そのような見方を、『法華経』は叱っているのです。本当は釈迦仏は永遠の存在なんだ。久遠実成の仏である。それが大乗仏教で言っていることです。

だからわたしたちは大乗仏教徒であるかぎり、久遠実成の仏がわざわざ人間の姿をとってこの世界に出現してくださったと信ずべきです。ちょうどキリスト教徒が、神の子であるイエスが人間の姿をとって地上に現われたと信ずるのと同じです。イエスがただの人間だとすれば、それはユダヤ教の見方であり、そしてイエスは犯罪者として十字架刑に処せられます。そういう見方をしたのでは、キリスト教にはなりません。わたしたちは、釈迦を人間と見てはいけないのです。人間釈迦が悟りを得て仏となったのと見るのは、小乗仏教のまちがった見方です。わたしたちは、釈迦は久遠実成の仏だと信じましょう。そう信じることができたとき、わたしたちは真の大乗仏教徒になれるのです。わたしはそう考えています。

▼宇宙仏の代理者である釈迦仏

次に、密教の仏に対する考え方です。これは、基本的には大乗仏教と同じです。

いや、わたしたちは、大乗仏教と密教を違ったものと考えています。だが、この二つは同じものと考えることができます。なぜかといえば、大乗仏教も密教も、ともに法身仏の教えであるからです。ただ、その法身仏の説法の仕方が違っているからです。

法身仏といえば、時間と空間を超越した仏です。久遠実成の仏といってもよいし、あるいは宇宙全体がこの仏の身体だといってもよいでしょう。それ故、われわれはこれを宇宙仏と呼ぶことにしましょう。

そして、代表的な宇宙仏に、

――毘盧舎那《びるしゃな》仏――

がおいでになります。『華厳経《けごんぎょう》』の教主です。この毘盧舎那仏は、〝盧舎那仏〟とも呼ばれます。訳者の違いによってそうなるのです。毘盧舎那仏なんて、そんな名前は聞いたこともないと言われる読者もおられるかもしれませんが、奈良の東大寺の大仏がそれです。あの大仏（毘盧舎那仏）は宇宙仏だから、あのようにでっかく造像されるのです。

さて、毘盧舎那仏は宇宙仏だから、ご自分で説法できません。宇宙そのものが説法するとなると、どれだけの大音量になるでしょうか。また毘盧舎那仏は、時間と空間を超越した仏であり、姿・形のない仏です。ですから時間と空間の中に生きているわれわれには説法できないわけです。だから「沈黙の仏」です。

では、われわれは、どうして毘盧舎那仏の教えを学べばよいでしょうか？

それは、毘盧舎那仏のほうから、その代弁者としての釈迦仏を派遣されてくださっているから、われわれは釈迦仏から教えを聴聞すればよい。これが、大乗仏教の顕教の考え方です。

この考え方は、キリスト教と同じです。

キリスト教の神（ゴッド）も、時間と空間を超越した宇宙神です。というより、宇宙を創造した神です。だから直接われわれに語りかけることはできない。それで宇宙神の実子としてのイエスをわれわれの世界に派遣して、神の福音《ふくいん》（喜ばしい知らせ）を伝達させた。キリスト教ではそのように考えています。

それと同じです。姿なき宇宙仏（毘盧舎那仏）の永遠の真理をわれわれ衆生に説き明かすために、釈迦仏がわざわざ人間の姿をとって、宇宙仏の分身としてこの世界に顕現された。顕教においては、そのように考えます。したがって、釈迦仏は分身仏になります。

だとすれば、顕教とは、沈黙の仏である宇宙仏（毘盧舎那仏）に代わって、分身仏（釈迦仏）が説法される仏教、ということになります。

▼大日如来が説法される密教

以上は、大乗仏教（顕教）の経典である『華厳経』の毘盧舎那仏について解説したものです。

ところが、密教経典である、

『大日経』……正しくは『大毘盧遮那成仏神変加持経』。

『金剛頂経《こんごうちょうきょう》』……これは単一の経典ではありません。大日如来が異なった場所、別々の機会に説いた、十万頌《じゅ》に及ぶ大部の経典の総称です。一般に『金剛頂経』と言うときは、その最初の部分である『真実摂経《しんじつしょうきょう》』を指します。

には、

——大日如来《だいにちにょらい》——

が登場します。これが密教の法身仏・宇宙仏です。

だが、この大日如来のサンスクリット語名は、〝マハーヴァイローチャナ・ブッダ〟です。お気づきになりましたか？　これを音訳すれば、〝摩訶《まか》（大）毘盧遮那仏〟になります。つまり、大日如来は毘盧舎那仏とまったく同じ仏なんです。〝ヴァイローチャナ〟というサンスクリット語は、「太陽の光」「輝きわたるもの」を意味します。だから〝大日〟になるのですね。日本の密教ではこれを〝光明遍照〟と訳しています。

つまり、毘盧舎那仏と大日如来は、まったく同じ仏なんです。同名異体というか、むしろ同名同体の仏です。なお、〝舎〟の字は顕教の仏、〝遮〟は密教の仏と区別して使われます。

ただし、その活動は違います。おもしろいことに、顕教である毘盧舎那仏は……沈黙の仏であるのに対して、密教の大日如来は……雄弁の仏です。

毘盧舎那はご自分は沈黙していて説法をせず、分身仏である釈迦仏を派遣して説法させられます。それが顕教、すなわち顕わになった教えです。一方、秘密の教えのほうは、大日如来ご自身が雄弁に説法されます。なんだか逆のように思われますが、逆ではありません。これでいいのです。

本書の冒頭でも述べましたが、大日如来がいくら雄弁に語られても、聴く側にそれを理解する能力がないと、それは秘密になってしまいます。大日如来が雄弁の仏にもかかわらず、それが「秘密の教え」であるというのは、そういう意味です。

ともあれ、法身仏（宇宙仏）である大日如来が、雄弁に法を説かれる。それが密教だと

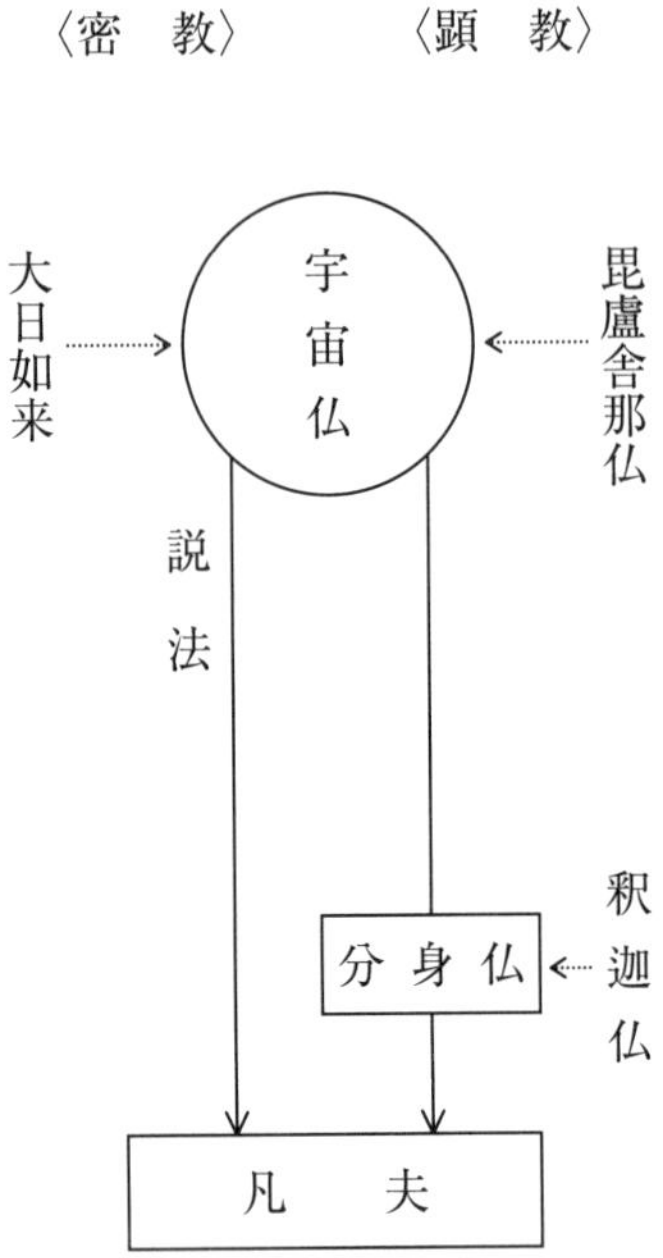

思ってください。一方、顕教（大乗仏教）のほうは、毘盧舎那仏は沈黙しておられ、分身仏である釈迦仏がわれわれに説法されます。それを図示すると右のようになります。

これが、顕教と密教との基本的な違いになります。

▼宇宙語による説法

大日如来は宇宙仏・法身仏です。したがって時間と空間を超越した存在です。ところが、説法というのは、時間と空間の上においてなされる行為です。その意味では、大日如来は説法をしようにも、できないのです。

にもかかわらず、大日如来は説法をしておられる。密教はそう考えます。この点を、われわれはどう考えればよいのでしょうか……?

簡単にいえば、大日如来の説法は、

――宇宙語による説法――

なんです。そういうことになりそうです。大日如来は宇宙仏だから、宇宙語をお使いになっている。それが一つの解釈でしょう。

では、宇宙語とは何か?　それは、われわれが日常生活において使っている言語ではありません。

以前、わたしは、それは一種の暗号だと考えました。けれども、暗号というのは、それを解読する鍵(暗号鍵、コード)さえ手に入れると、容易に解読できます。だとすれば、それは外国語の一種ではないでしょうか。わたしはいまは、「宇宙語イコール暗号説」は取り消しにします。

宇宙語というのは、いま、わたしは、

――象徴言語――

だと考えています。〝象徴言語〟だなんて、そんな専門用語はないのですが、いろんな象徴（シンボル）を組合せて語るものです。

ご存じのように、密教では印相を多用します。印相は〝印契《いんげい》〟〝密印《みついん》〟ともいい、略して〝印《いん》〟ともいいます。仏や菩薩が手で独特の印を結んでいますが、あれは仏や菩薩の誓願や功徳などを象徴的に表現したものです。あの印相も象徴言語だと思えばいいでしょう。

しかし、宇宙語というのは、もっともっと神秘的・象徴的な言語です。たとえば一輪の花が咲き、萎《しぼ》み、枯れてゆきます。あるいは暑い夏が終わり、秋が来て、雪の冬になります。それはあたりまえな自然の移り変わりですが、大日如来はそれによってわれわれに何かを語りかけておられるのです。それが大日如来の宇宙語による説法です。

人が生まれ、苦しみ、そして死にます。その誕生も老化も、そして死も、すべて大日如来の説法です。

『マッジマ・ニカーヤ』（八三）に、おもしろい話があります。釈迦世尊がにっこりと微笑されたのを見て、「どうされたのですか？」と弟子が尋ねました。すると釈迦は、遠い昔のマハーデーヴァ王の話をされました。

マハーデーヴァ王は理髪師に、「わが頭に白髪が生じたら、すぐにわたしに告げるように」と命じていました。そして理髪師が一本の白髪を見つけたとき、王はその白髪をおしいただくようにして、

「いまやわれの学道のときなり」

と言って、位を太子に譲って出家をした。釈迦はそのように弟子に語られたというのです。

一本の白髪が多くのことを語っています。これもまた大日如来の宇宙語による説法ではないでしょうか。

▼修行なんて不必要

さて、問題は、われわれはその大日如来の宇宙語をどのように解読すればよいか、です。この宇宙語の学び方において、密教の密教たる所以《ゆえん》があります。

まず宇宙語は、それを外国語として学ぶのではありません。1章に述べたように、母語として学ぶのです。

外国語として学ぶという考え方は、「修行」につながるものです。

仏教といえば、多くの人はすぐに修行を考えます。まじめな仏教徒であれば、戒律をよく守って修行をせねばならぬと思っています。坐禅をしたり、滝に打たれたり、断食をしたりせねばならないと考えるのです。そして本格的に修行するためには、出家をしなければならぬ、となるのです。

そうすると、それは小乗仏教の考え方になります。その小乗仏教の考え方からすれば、日本のお坊さんは落第ですよ。彼らは出家者でありません。家に住み、妻子を持ち、所得税を払っている「出家」なんていませんよ。日本に「出家者」がいるとすれば、それはホームレスの人たちです。

わたしは、出家なんかしなくても、立派に仏教者になれると信じています。キリスト教徒がイエス・キリストを信じるだけで、イスラム教徒がアッラーを信じるだけで信者になれるのと同じく、わたしたちは釈迦仏・阿弥陀仏・大日如来を信ずるだけで仏教徒になれます。わたしはそう考えています。

だから、修行なんて不要です。

そもそも修行というものは、仏教を外国語と考えて、その文法を学ぶようなものではありませんか。わたし自身がそうなんですが、英語を外国語と考えて、正しい英語を喋らないといけないと思うもので、なかなか英語が喋れません。まちがってもいいのだ……と思っている人のほうが、すぐに外国語が上達するようです。

それと同じで、修行しないと仏教者になれないといった考え方はよくありません。仏教を外国語として学ぶのではなしに、母語として習えばいいと思います。

その点では曹洞宗の開祖である道元（一二〇〇―五三）の考え方が参考になります。彼

は若いころ、

「なぜ修行が必要なのか？」

と疑問を起こしました。わたしたちには仏性があるとされています。仏性とは、文字通りに「仏の性質」だと思ってください。われわれに仏の性質があるということは、われわれは仏なんです。仏であるのに、なぜ仏になるための修行をせねばならぬのか？　それが道元の疑問です。

そして、彼が達した結論は、

作仏《さぶつ》をもとめざる行仏《ぎょうぶつ》（『正法眼蔵』坐禅箴）

というものでした。坐禅とは、仏になること（作仏）を求めないで、ただ自分の身体でもって仏を行ずること（行仏）なんだ、といった結論に辿り着いたのです。したがって、わたしたちが一時間坐禅をすれば、その一時間を仏として生きているのです。一日坐禅すれば、一日を仏として生きています。もちろん、ここで坐禅は、たんに坐るだけではありません。行・住・坐・臥、行くこと・止まること・坐ること・横になることのすべてが坐禅です。食事をするのも坐禅、横になって寝るのも坐禅です。道元はそこまで言っていませんが、セックスするのも坐禅、糞をするのも坐禅です。

つまり、道元の考え方は、われわれは仏になるための修行をするのではない。仏だから修行ができるのだ、ということです。普通の考え方の逆を言っているわけです。

▼全存在を宇宙仏の世界に投げ込む

では、修行が不要だとして、われわれはどうして大日如来の宇宙語を学べばよいのでしょうか？　結論的に言えば、

――宇宙語を母語として学ぶ――

ことになります。この結論は、すでにこれまでにあちこちでほのめかしてあります。

宇宙語を母語として学ぶには、われわれは宇宙語の世界――大日如来の世界、あるいは次章で詳しく述べますが、「マンダラ」世界といってもよいでしょう――に飛び込まねばなりません。大日如来の世界の一員となり、そこで市民権を獲得せねばならない。いや、市民権を獲得するといえば、立派なおとなのように聞こえますが、そうではなくて赤ん坊でいいのです。大日如来の世界に小さな赤ん坊として生まれる。そして少しずつ母語である宇宙語を修得します。それが宇宙語の学び方です。

この点に関しては、道元が次のように言っています。

仏道をならふといふは、自己をならふ也。自己をならふといふは、自己をわするゝなり。自己をわするゝといふは、万法に証せらるゝなり。万法に証せらるゝといふは、自己の身心および他己《たこ》の身心《しんじん》をして脱落《だつらく》せしむるなり。（『正法眼蔵』現成公案）

――仏道を学ぶということは、自己を学ぶことだ。自己を学ぶというのは、自己を忘れること。自己を忘れるというのは、悟りの世界に目覚めさせられることである。悟りの世界に目覚めさせられるということは、自己および他己（他なる自己。すなわち自己のうちにある他人）を脱落させることである――

われわれは、道元は禅僧だと思っています。それはその通りなんですが、しかし道元の考え方はすごく密教的です。ここでも道元は、仏道を学ぶということは、大きな悟りの世界の中に自己を溶け込ませることだと言っています。

もともと道元思想のキーワードに、

――身心脱落《しんじんだつらく》――

があります。彼は師からこの言葉を聞いて、悟りを開いたのです。

では、「身心脱落」とは何でしょうか？　それは、簡単にいえば、
――あらゆる自我意識を捨ててしまうこと――
だと言えばよいでしょう。われわれはみんな、〈俺が、俺が……〉といった自我意識を持っています。〈わたしは立派な人間だ〉〈わたしは品行方正である〉と思うのがそれです。一方で、〈わたしなんて、つまらない人間です〉と思うのだって自我意識。自我意識があるから、自分と他人をくらべて、優越感を抱いたり、劣等感にさいなまれたりするのです。そういう自我意識を捨ててしまえ！　というのが「身心脱落」です。もちろん、意識ばかりでなしに、自分の肉体だって捨ててしまうのです。

わたしは、自我意識というものを角砂糖に譬《たと》えます。わたしというのは角砂糖です。そして他人も角砂糖。わたしと他人との接触は、角砂糖どうしのぶつかり合いです。それで角砂糖が傷つき、ボロボロに崩れます。修復不可能なまでに崩れることもありますが、普段は崩れた角砂糖をなんとか修復して、それで「自我」を保っているのです。

道元の身心脱落は、そんな修復なんかせずに、角砂糖を湯の中に放り込めばいい、というたアドヴァイスです。

湯の中というのは、悟りの世界であり、仏の世界です。あとで言いますが、これを「マンダラ大宇宙」と呼んでもいいでしょう。

わたしという全存在を、悟りの世界、宇宙仏の世界に投げ込んでしまう。それが道元の言う「身心脱落」です。

まさに道元は、密教の考え方に立っています。

▼毎朝、ブッダになる

自己の身心を宇宙仏の世界に投げ込んでしまう。そうするとわたしたちは、仏の赤ん坊になります。赤ちゃん仏になるのです。

赤ちゃん仏になれば、自然に仏の言葉である宇宙語が喋れるようになります。

赤ん坊はまちがいを恐れません。そもそも文法的に正しい言葉を喋らないといけない……といった気持ちがありません。まちがいをしながら、少しずつ言葉を覚えていくのです。

このことはあちこちで書いたことですが、大昔、インド人ガイドと話したことがあります。彼は、

「仏教というのは、ブッダになるための教えでしょう。では、いったい何年ぐらい修行をすれば、仏になれますか?」

と訊いてきます。それでわたしは、

「最低でも五十六億七千万年はかかる」

と答えました。本当はもっと莫大な時間がかかると言ったほうがよさそうですが、まあ話を簡単にしてそう答えたのです。


ところが、そのインド人はちょっと笑いながら、

「しかし、わたしは、毎朝ブッダになります」

と言います。わたしはむっとして言いました。

「きみね、そういうのを増上慢《ぞうじょうまん》というんだよ」

「すみません。その〝ぞうじょうまん〟という日本語を、わたしは知りません。英語で言ってください」

とっさに英語が出てこないので、〈まあ、いいや……〉と思って、話題を変えました。

ところが、ずっとあとになって、インドから日本に帰る飛行機の中で、インド人ガイドがすばらしいジョークを語ったのだと気がつきました。すでに二三ページに書いておきましたが、〝ブッダ〟というサンスクリット語は、「目覚める」といった意味です。だから彼は、「わたしは毎朝ブッダになります」と言ったのは、「わたしは毎朝、目が覚める」と言ったわけです。あたりまえですね。毎朝、目が覚めないとなれば、その人は死人ですよね。彼は大学でサンスクリット語を勉強したというインテリ・ガイドですが、〝ブッダ〟とい

うサンスクリット語の意味を知っていて、うまいジョークを語ったのです。

帰国の飛行機の中で、わたしは恥ずかしくなりました。

しかしそのあと、わたしはこのように考えを膨《ふく》らませました。

わたしたちは毎朝、目を覚まします。それは、ある意味では、毎朝、ブッダになるのです。そしてそうであれば、その日一日をブッダらしく生きればよい。ブッダのまねをして生きればよいではないか。それが仏教なんだ、と。

兼好法師《けんこうほうし》（一二八三ごろ―一三五〇ごろ）の『徒然草《つれづれぐさ》』にこうあります。


《狂人の真似とて大路《おおち》を走らば、即ち狂人なり。悪人の真似とて人を殺さば、悪人なり。驥《き》を学ぶは驥の類《たぐ》ひ、舜を学ぶは舜の徒《ともがら》なり。偽りても賢を学ばんを、賢といふべし》

（第八十五段）

〔狂人のまねをして大通りを走れば、その人はもう狂人なのだ。悪人のまねだといって人を殺せば、その人は悪人である。千里を走る駿馬《しゅんめ》の驥《き》のまねをする馬は驥の同類であり、中国古代の聖天子とされる舜《しゅん》をまねる者は舜の仲間である。それが偽悪であっても、賢者のまねをする者を賢者と呼ぶのである〕

泥棒のまねをすれば泥棒ですよね。で、ブッダのまねをすればブッダです。だとすれば、仏教とは、

——仏の教え——
——仏になるための教え——
——仏をまねて生きる教え——
といった三つの定義ができそうです。そして最後の、「仏をまねて生きる教え」こそがわれわれの密教ではないか。わたしはそのように考えたのです。

▼ブッダのまねをする

でも、まねるだけではいけない。わたしたちは、本当に仏にならねばならないのだ。そういう考え方もあります。最初、わたしは、「仏をまねて生きる教え」といった定義に、あまり自信はありませんでした。

とはいえ、本当の仏にならないといけないと言われても、わたしたちが仏になるには、最低でも五十六億七千万年もかかります。とても生きているあいだに仏になることはできません。だとすれば、やはり仏をまねるだけでいいのだ……となります。

わたしは『岩波古語辞典』を引いてみました。

《まね〔真似〕……《マネビ（学）と同根》そっくり似せた動作。様子。……》
《まねび〔学び〕……《マネ（真似）と同根。興味や関心の対象となるものを、そっくり

そのまま、真似て再現する意》①（相手の言ったことを）そっくりそのまま言う。口まねをする。……》

これで分かるように、「学ぶ」ことと「まねる」ことは、同根の言葉です。わたしたちは母語を習得するとき、繰り返し繰り返しまねをして学んだものです。ついでに言っておきますと、〝習〟という字には〝羽〟があります。鳥が翼を広げて羽ばたくように、繰り返しによって馴れることが「習う」ということです。したがって、繰り返し繰り返しまねをすることが、本来の「学習」なんです。

だとすれば、わたしたちは毎朝、目が覚めます。ある意味では、それはブッダになっているのです。そしてその日一日を、ブッダのまねをして生きる。

でも、わたしたちは凡夫です。いくらブッダのまねをして、ブッダらしく生きようとしても、つい失敗します。他人に腹を立てて、ブッダらしくない言葉を言ってしまいます。ですが、それでもいいのです。なぜなら、また明日があるからです。明日、目が覚めれば、またブッダになります。そしてその日を、ブッダらしく生きればいいのです。

もちろん、翌朝まで待つ必要はありません。いつの瞬間だって、わたしたちは目覚めることができます。

〈ブッダらしく生きてみよう〉

と決心することができます。そして、その瞬間から再び始めるとよいのです。ブッダのまねをすればいいのです。

そうしているうちに、わたしたちは少しはブッダらしくなります。ほんの少しはブッダに近づくことができるのです。

いや、待ってください。わたしは、昔はそう思っていました。毎日毎日、ブッダのまねをしていると、ほんの少しではあるがブッダに近づくことができる、と。そんなふうに執筆し、講演会でも語ってきました。

しかし、そう考えてから何十年にもなりますが、わたし自身、いっこうにブッダに近づいていません。ブッダにあらざる行いばかりをしています。

そこで最近、わたしはこう考えるようになりました。

〈いや、なにも近づく必要はない〉

と。だって近づくといっても、一年間一生懸命やっても、わずか五十六億七千万分の一ですよ。そんな分量は気にする必要はありません。

近づかなくてもいいのです。わたしたちは凡夫のままでいい。ただ、気がついたとき、ちょっと仏のまねをすればいいのです。どうせ失敗しますが、一時間のあいだブッダをまねをすれば、その一時間はブッダらしく生きたのです。六時間続けることができれば、六時間のブッダです。最近、わたしはそのように考えています。

▼仏のまねをすれば仏である

かくて、いちおうの結論に到達しました。

――密教とは、仏のまねをする仏教なんだ――

と。

わたしはこれまで、「仏教」とは「仏の教え」であると同時に「仏になるための教え」であると考えてきました。それはまちがいです。まちがいというより、小乗仏教はそう考えます。小乗仏教というのは、わたしたちが努力さえすれば仏になれると考えます。ということは、仏をそれだけ程度の低い段階と考えているわけです。小乗仏教は、仏を〝阿羅《あら》漢《かん》〟と呼び、釈迦が入滅された時点でこの世に五百人もの阿羅漢がいたとしています。釈迦と同じレベルに達した人間が五百人もいたというのだから、いかに小乗仏教が仏を安っぽい存在と考えていたか、それでお分かりになるでしょう。

大乗仏教は、仏とはそういう存在ではないと考えました。仏は久遠実成の仏であり、われわれが仏になれるとすれば、五十六億七千万年、いやもっともっと長い長い時間がかかるとしました。換言すれば、われわれは仏になれないのです。

そこに密教の主張があります。われわれは仏になれないのであるから、ただ仏のまねをすればよい。それが密教の主張するところです。密教とは、そういう仏教だと思ってください。

＊

ただし、早合点されるといけないので、ちょっと蛇足を加えておきます。

仏教が「仏になるための教え」であることは、それはそれでまちがいではありません。

しかし、実際に仏になれると考えると、小乗仏教のように仏を安っぽい存在にしてしまいます。大乗仏教は、いくら努力してもわれわれが仏になれるわけがないと考えます。そう考えた上で、にもかかわらずわれわれは仏を目指して歩むのだと考えるのが大乗仏教です。

そして、その考えをもう一歩推《お》し進めて、「われわれは仏のまねをするだけでよい」と考えるのが密教です。

つまり、大乗仏教と密教は、それほどの差はありません。

大乗仏教は……はるか永遠の彼方で、われわれは仏になれると考えるのに対して、

密教は……まあわれわれは仏になれないのだから、仏のまねをすればよいと考える。

それだけの差だと思います。

＊

それから、密教では、

――即身成仏――

といった言葉があります。日本の真言宗の開祖の空海（七七四―八三五）の著作に、『即身成仏義』があることはよく知られています。

「即身成仏」というのは、この身このままで仏になれるといった理論です。大乗仏教が「三劫《さんこう》成仏」といって、三劫といったきわめて長い時間をかけなければ成仏できないと説くのに対して、密教が「即身成仏」を説くのは矛盾のように思えます。

空海の「即身成仏」を理論的に説明するのはなかなか困難ですが、まあわたしたちは、

――仏のまねをすれば、まねをしているあいだは、その人は仏である――

ということだと思ってください。要するに、

――狂人のまねをすれば狂人、仏のまねをすれば仏――

なんです。あまりむずかしく考えないでおきましょう。

＊

では、どのように仏のまねをすればよいでしょうか？　それは第Ⅱ部で考察することにしましょう。

3

マンダラ大宇宙

▼マンダラに描かれたほとけたち

密教に曼荼羅《まんだら》があるのはご存じですね。たいていの真言宗の寺院では、東に胎蔵《たいぞう》曼荼羅、西に金剛界曼荼羅を掛けています。彩色鮮やかでモダン・アートといってもよいものです。

曼荼羅は、また〝曼陀羅〟とも表記します。じつは、この語はサンスクリット語の〝マンダラ（maṇḍala）〟を音訳したものです。だとすれば、われわれは〝マンダラ〟とカタカナ表記したほうがよさそうです。漢字のそれぞれに意味があるわけではありませんから。

さて、〝マンダラ〟の〝マンダ〟は「真髄・本質」を意味し、接尾語の〝ラ〟は「得る」といった意味です。したがって〝マンダラ〟は、「本質を得たもの」といった意味で、仏の悟りを得たもの、すなわちほとけの集合を意味します。マンダラとは、「ほとけの全員集合図」であると差し当っての定義にしておきます。

しかし、「ほとけの全員集合図」といっても、マンダラに描かれているのは、必ずしも立派なほとけだけではありません。マンダラに描かれているものを分類すると、

1　仏・如来。
2　菩薩。
3　明王。
4　諸天諸神。

になります。1と2は、まあ立派なほとけです。しかし、3の明王というのは、密教特有のほとけです。いや、ほとけらしくないほとけといってよいでしょう。

代表的な明王といえば、不動明王と愛染《あいぜん》明王です。その明王の顔つきはほとけらしくなく、左右不揃いな眼、きばをむいた口、ぼさぼさの髪をしています。上半身は裸で、下半身には短裙《たんくん》をつけている。〝裙〟というのはふんどしです。明王は、どうやらインドの奴隷階級をモデルにしているようです。

ところが、じつをいえば、この明王は大日如来の家来です。世の中にはひねくれ者、頑固者がいます。地蔵菩薩や観音菩薩が、慈悲のこころでもってやさしく衆生を救われよう

とされますが、ひねくれ者、頑固者はそれにそっぽを向きます。そっぽを向いた者は、自分で救済を拒んでいるのだから自分が悪いのですが、そういう人たちを救うために、大日如来は明王たちを派遣するのです。明王は手に剣を持ち、羂索《けんさく》（なわ・くさり）を持っています。それでもってひねくれ者、頑固者を脅し、縛り上げて救う。それが明王の役割です。

だとすると、不動明王や愛染明王といった明王が、姿・形は立派ではありませんが、密教のマンダラの主役だと言ってもよさそうですね。

それからまた4の諸天諸神のうちには、われわれからすれば魔類といってよいほどのものまでが描かれています。外形的には九九パーセント魔類であっても、わずか一パーセントの仏らしさを有する存在は、すべて仏として拝もう、というのが密教のマンダラの精神だとわたしは思っています。

▼胎蔵マンダラ

すでに言いましたが、われわれが真言宗の寺院で見るマンダラには二種あります。胎蔵マンダラと金剛界マンダラです。胎蔵マンダラは、ときに〝胎蔵界マンダラ〟と呼ばれることもありますが、正しくは胎蔵マンダラです。いささか研究者的になりますが、やはりちょっと解説しておきます。読者はマンダラを見るとき、ざっと次のことを知っておいて見られるとよいと思います。

最初に胎蔵マンダラです。

胎蔵マンダラは、『大日経』という密教経典にもとづいて描かれたマンダラです。

この場合、〝胎〟というのは「母胎」の意味です。大日如来は男性的な仏ですから、大日如来の母胎というのもおかしいですが、わたしたちの生きているこの世界はほとけの胎内のようなものだと考えればよいかと思います。ちょうど孫悟空《そんごくう》が觔斗雲《きんとうん》に乗って、地の果てまで飛んで行って、そこの柱に文字を記してきたが、そこはお釈迦さまの手のひらであったというようなものです。わたしたちのこの世界は、すべて大日如来の胎内のようなものだ。胎蔵マンダラは、そのように語っています。

胎蔵マンダラにおいては、このほとけの世界を次々ページの図のように十二の部分に区分します。そして十二の部分に約四百の尊像を描きます。数え方によって違ってきますが、一般的には四百十四尊とされています。

中央は中台八葉院と呼ばれる処です。ここがマンダラの中心です。さらにその中心に大日如来がおいでになり、大日如来のぐるりに四如来・四菩薩が描かれています。この四如来・四菩薩の働きを通じて、大日如来の慈悲の心が四方・八方に伝わって行くのです。そ

胎蔵曼荼羅（両界曼荼羅、鎌倉時代、奈良国立博物館所蔵）

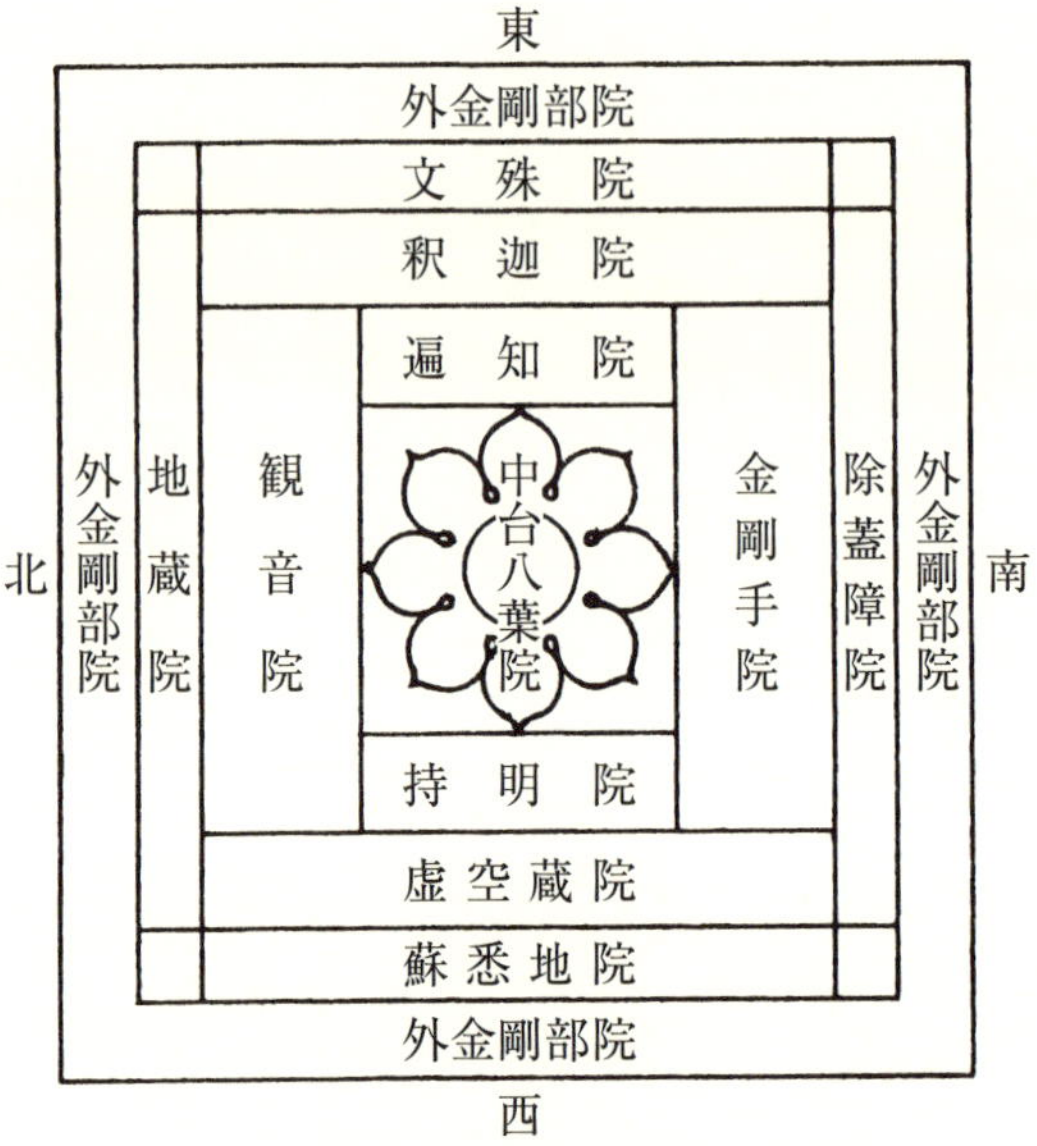
東
外金剛部院
文殊院
釈迦院
遍知院
北
外金剛部院
地蔵院
観音院
中台八葉院
金剛手院
除蓋障院
外金剛部院
南
持明院
虚空蔵院
蘇悉地院
外金剛部院
西

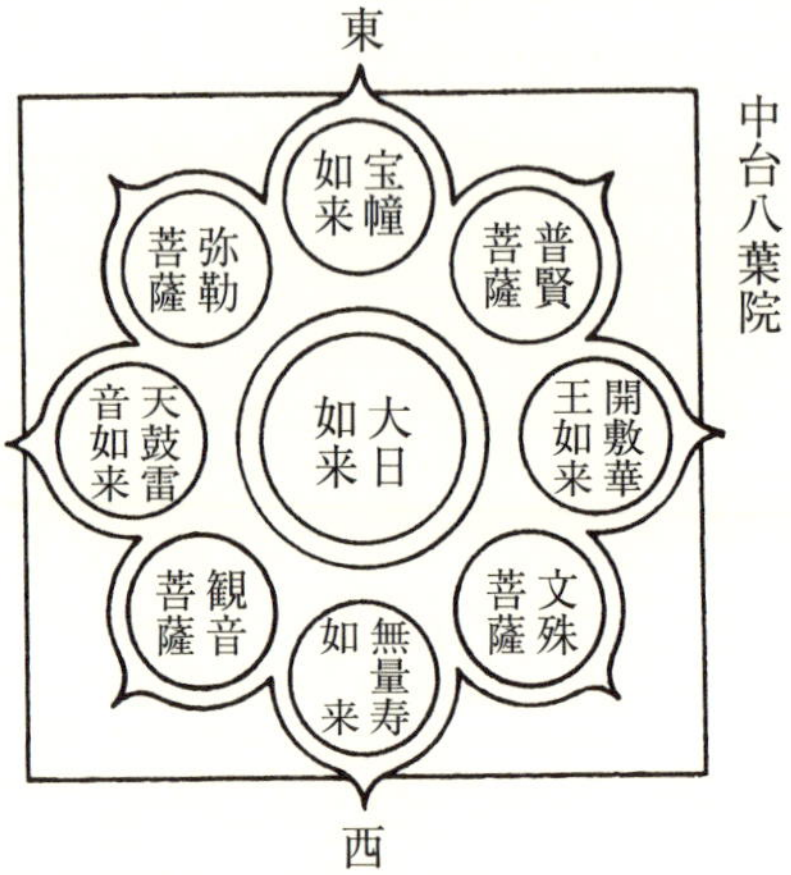
東
中台八葉院
宝幢如来
普賢菩薩
開敷華王如来
文殊菩薩
無量寿如来
観音菩薩
天鼓雷音如来
弥勒菩薩
大日如来
西

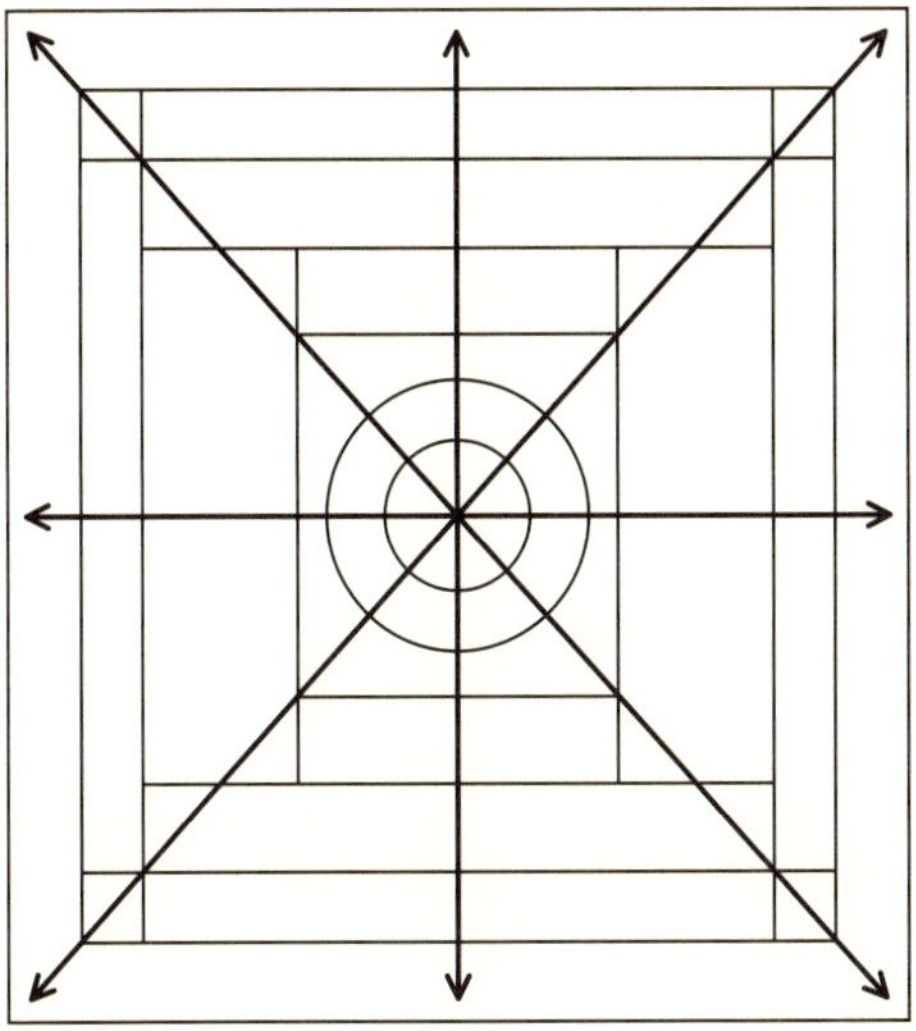

図1

のことを示したのが図1です。

ところで、大日如来といえば、前にも述べたように太陽を象徴したほとけです。だとすれば、これは太陽の光を描いたものといえます。すなわち、胎蔵マンダラとは、中央の大日如来（太陽）の慈悲の光が、宇宙の隅々《すみずみ》まで遍く照らしているありさまを描いたものです。読者はこれからマンダラを見られる機会があれば、そう思って見てください。

▼金剛界マンダラ

次は金剛界マンダラです。

このマンダラは、『金剛頂経』にもとづいて描かれたものです。

ここでは全体が九等分されているので、別名を「九会《くえ》マンダラ」といいます。諸仏・諸菩薩を九つのグループに分けて、全部で千四百六十一尊が描かれています。胎蔵マンダラの約四倍の諸尊が描かれているわけです。

九等分されたうち、中央の「成身会」が中心になります。これは即身成仏の境地になります。

胎蔵マンダラでは、中心から放射線状に大日如来の慈悲が照射されていますが、金剛界マンダラでは次々ページの図2に示したように、右下から渦巻き状に線が進んで中心に達するわけです。これは、わたしたちの心が進歩向上して行く段階を示したものです。あるいは、瞑想の深まりといってもよいでしょう。

だが、この点はあとでもう一度考察する必要がありますが、密教でいう進歩向上は普通のそれではありません。たとえば日本人は、守衛よりも事務職のほうが上だと思っています。それでロンドンの商事会社で、日本人の経営者が勤務態度のいい守衛に、

「こんどきみを事務員にすることにした」

と告げたところ、その守衛が辞表を提出したというのです。

〈自分は、プライドを持って三代にわたたって守衛をやってきた。なんのミスもないのに、配置転換をするなんて、ひどいではないか⁉〉

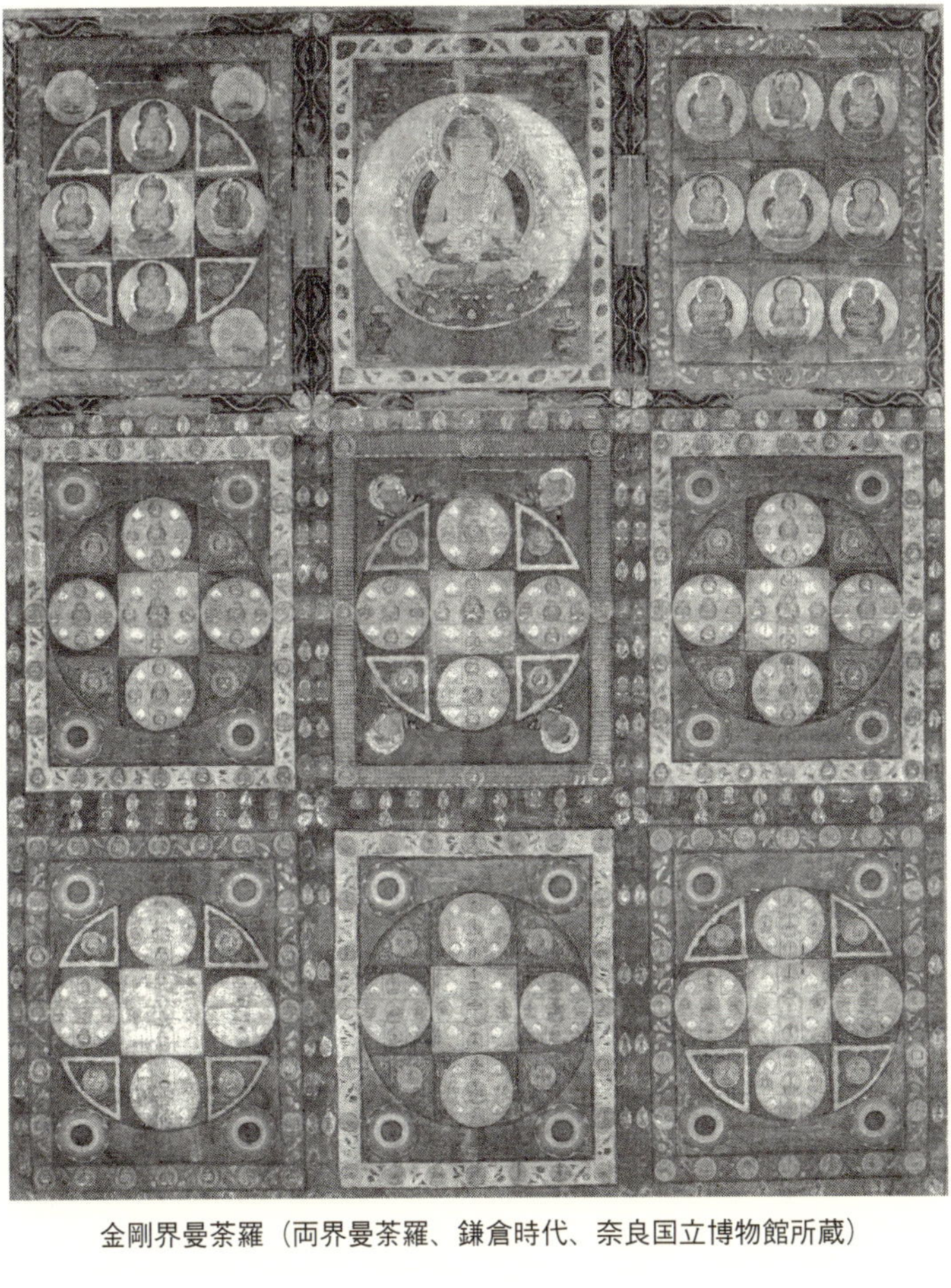

金剛界曼荼羅（両界曼荼羅、鎌倉時代、奈良国立博物館所蔵）

西

四印会	一印会	理趣会
供養会	成身会	降三世会
微細会	三昧耶会	降三世三昧耶会

東

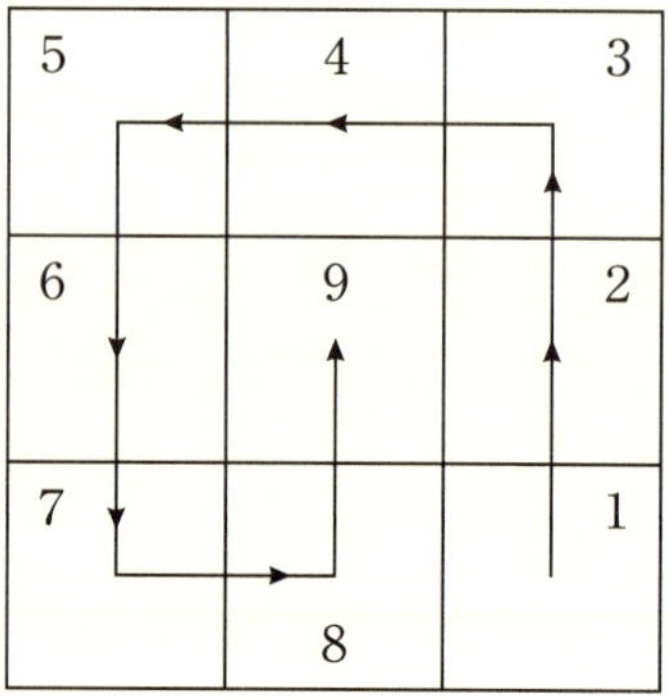

図2

というわけです。だいたいにおいて日本人は、守衛よりも事務職のほうが上だと思っています。それが普通の進歩向上です。しかしロンドンの守衛は、むしろ密教的に考えています。密教的に考えるとは、いわば、

――役割分担――

の考え方です。まあ、それについてはあとで述べましょう。

話を元に戻して、「九会マンダラ」の進歩向上はどういう意味でしょうか？　詳しく解説すれば切りがありませんが、春秋社版『講座密教・4』の「マンダラと印」を参考にす

れば、おおよそ次のようになります。

〈降三世三昧耶会・降三世会〉……自己のうちにある魔の対治。
〈理趣会〉……感性的欲望の克服。
〈一印会・四印会〉……大日如来への帰入を直覚すること。
〈供養会〉……大日如来を契機として、自己のうちにある菩薩の心を開発する。
〈微細会〉……仏の智慧を観想する。
〈三昧耶会〉……仏の慈悲を観想する。
〈成身会〉……即身成仏。

こんな簡単な説明ではお分かりにならないかもしれません。でも、これ以上の説明をしても、読者はますます混乱されるのではないかと思います。ともかく金剛界マンダラは、われわれの心が密教的に進歩する、九つの段階を示したものだと受け取ってください。

▼投華得仏

さて、マンダラには数多くのほとけが描かれています。では、その数多くのほとけのうち、どれがいちばん偉いのでしょうか……?

そう問いかけると、たいていの人は、

「そりゃあ大日如来だ。大日如来が中心に描かれているのだから、いちばん偉いにきまっている」

と答えるでしょう。それはそれで一理がありますが、大日如来がいちばん偉いのであれば、大日如来だけがいればいい、他のほとけは不要だ、とはなりませんか。会社でいちばん偉いのは社長だから、会社には社長だけがいればいい、となるようなものです。しかし、じつはその他大勢の社員がいることによって会社が成り立つのです。それと同じく数多くのほとけがいてこそ、ほとけの世界が機能するのです。

そのことはすでに七〇ページで指摘しておきましたが、胎蔵マンダラの中台八葉院には、大日如来を中央に四如来・四菩薩が描かれています。そして、四如来・四菩薩の働きによって、大日如来の慈悲の心が四方八方に伝わるのだと解説しておきました。無量寿如来(阿弥陀仏)や、文殊《もんじゅ》菩薩・観音菩薩・弥勒菩薩がいてくれないと、大日如来は働きようがないのです。そうすると、ある意味では阿弥陀如来のほうが大日如来よりも偉い、となりませんか。

問題は「偉さ」というものをどう査定するかにありそうです。

日本の神話だと、天照大神《あまてらすおおみかみ》がいちばん偉いとされています。ギリシア神話では、ゼウスが最高神です。われわれはそういう神々のランク付けに慣れていますが、インドの神話だとそうは行きません。古代インドのバラモン教においては、いま、祈りの対象になっている神が最高神になります。火の神＝アグニに祈るときはアグニが最高神になるし、雷霆《らいてい》神＝インドラに祈るときは、インドラがいちばん偉い神になります。マックス・ミュラー（一八二三―一九〇〇）という東洋学者は、そこでこのバラモン教を「交替神教」と名づけています。主神・最高神が入れ替わるからです。

　このようなバラモン教の考え方が、わたしは、密教に大きく影響していると思います。密教では、その人、その人にとって、いちばん偉いほとけが入れ替わるのです。そして、それをよく現わしているのが、

――投華得仏《とうけとくぶつ》――

です。これは、密教の入門式（結縁灌頂《けちえんかんじょう》といいます）のとき、入門する信者は目かくしをされ、手に華《はな》（実際は樒《しきみ》）を持たされ、それをマンダラに向かって投げます。その華の落ちたところの尊がその人の念持仏になるのです。つまり、その人にとっての最高のほとけになるわけです。もっとも、聞くところによりますと、最近の日本では、華がどこに落ちても、それを大日如来のところに置き変えてしまうそうです。そういうインチキが行われているようです。これは、わたしは、密教の基本精神に反すると思います。

▼大日如来は非存在の存在

さて、ここで思い出していただきたいことは、大日如来は宇宙仏だということです。そして宇宙仏は、超時間的・超空間的存在です。ということは、時間と空間の上には存在していないのです。

平たくいえば、大日如来は普通の存在ではありません。姿・形のない存在であって、それを具象化できないのです。

だから、マンダラの上に大日如来を描くのはおかしいのです。

胎蔵マンダラの中台八葉院の中央に大日如来が描かれ、ぐるりを四如来・四菩薩が描かれているのは、じつは大日如来は時間と空間を超越した存在（あるいは非存在）であって、大日如来は四如来・四菩薩の姿・形象をとってわれわれの前に出現されるということを示しています。いや、四如来・四菩薩ばかりでなく、マンダラに描かれたすべての諸尊が、姿なき大日如来の現実的な現われです。

したがって、本当はマンダラに大日如来を描く必要はありません。大日如来は非存在の存在だからです。

マンダラの全体が大日如来だと思えばいいのです。

時間と空間を超越した、したがって姿・形のない大日如来がわれわれの前に姿を現わされるとき、このように多種多様な諸尊となって出現される。マンダラはそのように語っています。

にもかかわらずマンダラには、大日如来が描かれています。やはり大日如来を描いておいたほうが、われわれ素人にとっては親切なんです。そして、大日如来は最高のほとけであり、親分的なほとけなんだと説明したほうが、素人には納得できそうです。そういう意味で、マンダラに大日如来が描かれていると思ってください。

▼一時的につくるマンダラ

いや、そもそもマンダラというものは、われわれが密教寺院で見る、壁に掛けられた絵画的なものではありません。もちろん、絵画的なマンダラだってマンダラの一種ですが、本当をいえばマンダラとは、

——大日如来の宇宙そのもの——

です。それは時間と空間を超越したものであり、具象化することのできないものです。わたしたちには、宇宙そのものを描けないし、言語化することもできませんよね。

しかし、儀式などをやる場合、われわれはこの「宇宙そのもの」（これを「宇宙マンダ

ラ」と呼ぶことができます）を具象化する必要があります。つまり大日如来を拝む場合、何か具体的なものがあったほうがよいのです。

これは、イスラム教のミフラーブの考え方と同じです。イスラム教において、アッラーの神は超時間的・超空間的な存在です。その点では大日如来と同じで、宇宙のどこにでも、歴史のいかなる瞬間にもおいでになります。だから、理論的には、アッラーを拝する場合、どこを向いて拝んでもよいわけです。あらゆる方角にアッラーがましますのだから、東西南北、どこにでもおいでになるわけです。

けれども、イスラム教徒は、聖地メッカの方角に向かって拝むことになっています。どこを向いても同じと言われても、われわれは困ってしまいますね。それよりはメッカの方角に向かって礼拝しなさいと教えられたほうが安心できますね。だからイスラム教国のホテルの天井には、メッカの方角を示す矢印がついています。

そして、イスラム教徒の礼拝所であるモスクには、ミフラーブと呼ばれる壁龕《へきがん》が設けられています。あれがメッカの方角を示しています。モスクにやって来た信徒は、みんなミフラーブの方に向かって礼拝するのです。

どこに向かってもいいと言われるよりも、一定の方角を決めてもらったほうが、信徒にとっては楽ですよね。

それと同じで、密教徒も、大日如来を拝する場合、一つの具体的な形を造ります。それがマンダラです。わたしたちは、これを「形象マンダラ」と呼ぶことにします。

この「形象マンダラ」について、高野山大学学長であった松長有慶は次のように言っています。

《〔インドにおいて〕七世紀ごろになると、仏教徒はそれぞれの抱く宇宙観の中に、数多くの神がみと大乗の菩薩たちを含め、それらを一つのパンテオンとして視覚化していくのである。それが曼荼羅である。

曼荼羅はそれ自体、仏教徒の抱く世界観を具体的な姿として図像《イコン》化したものである。したがってそれは仏、菩薩の単なる集合体ではなく、その中に仏教思想による意味づけと、独自のシステムをもつものでなければならない》(『密教』岩波新書)

《〔曼荼羅はときに壇と呼ばれることもあるが〕壇というのは、曼荼羅のもとが土壇を築いて、その上に神々の降臨を願うバラモンの儀礼に由来する。それがのちに仏教に取り入れられたが、曼荼羅はもともと土壇につくるのが本筋である。『大日経』などに、「七日作壇法《しちにちさだんほう》」が説かれたりしているのもそのためである。わが国では東寺の講堂の曼荼羅を支える壇が、通例の須弥壇《しゅみだん》ではなく、インドの伝統的な土壇を継承している数少ない例とされる。そのほか、わが国では土壇の作例はあまり報告されていない。

一方チベット密教では、現在でも護摩をたく時、日を選び、場所を選んで土壇を築く。……》（『密教・コスモスとマンダラ』ＮＨＫブックス）

インドやチベットの密教では、そのたびに壇を築いて儀式を行い、そして終了後はその壇を壊してしまいます。もともとマンダラというものは、そういう一時的なものでした。そのことを忘れないでください。

▼大日如来はドッジボール

そこでわたしは、神道の「依《よ》り代《しろ》」を思い出します。

わが国の神道では、祭礼のたびに神主がいちいち神霊をお呼びして、それを樹木や岩石などに憑依《ひょうい》させます。そして祭礼が終ると、また神霊にお帰りいただくのです。現在の神道学者は、あたかも神霊が神社に常駐しているかのように考えています。でも、昔はそうではありません。祭礼は、神主が真夜中に神霊を呼び寄せて行われます。それが神事であって、神事が終れば再び神霊にお帰りいただくのです。一般のわれわれは「後の祭り」を見ていることになります。

マンダラも、そのつどそのつどつくり、儀式が終わったあとは壊してしまう。本来はそういうものだったのです。

それから、マンダラは一時的に「小宇宙」をつくるわけです。そもそもマンダラとは、「宇宙そのもの」です。だとすれば、マンダラは球形につくるのが本来ではないでしょうか。わたしはそう考えます。

もっとも、宇宙というものは時間と空間を超越したものです。ですから姿・形がありません。宇宙を球形と見るのも、それはわたしのこだわりになります。それはそうですが、宇宙を四角い、あるいは平べったいと見るよりは、球形に見るほうがよいと思います。そうすると、「形象マンダラ」をつくるのであれば、われわれはそれを球形にしたほうがよいでしょう。

でも、いちいち球形マンダラをつくるのは大変です。

そこで球形マンダラの代わりに、平面マンダラを描きます。

これは、地球儀の代わりに、メルカトルの世界図を描くようなものです。

このメルカトルの世界図に相当するものが、わたしたちが密教寺院で見る胎蔵マンダラや金剛界マンダラです。

このように説明すると、マンダラとはどういうものかがお分かりいただけるのではないでしょうか。しかしわたしは、これをもう少し進めてみたいと思います。先にわたしは、地球儀の代わりにメルカトルの世界図を描いたほうが簡単だと言いましたが、それよりもドッジボールの上に数多くのほとけを描く方法のほうがよいでしょう。そうすると、わりと簡単に球形マンダラがつくれます。そしてこのほうが、大日如来の存在（あるいは非存在）をうまく説明できます。

ドッジボールの上には、大日如来を描かないでください。なぜなら、ドッジボールそのものが大日如来だからです。

大日如来は姿なきほとけであって、われわれの前に大日如来が現われるとき、さまざまな如来・菩薩・明王・天神の姿をとられるのです。ドッジボールはそのことを表しています。

▼大日如来は法人

そうすると、マンダラに描かれた数多くのほとけのうち、誰がいちばん偉いか……といった疑問に、すぐに答えが見つかります。あなたはドッジボールを転がしてください。かりに地蔵菩薩を上にしてドッジボールが静止したとします。そうすると、あなたにとっては地蔵菩薩が最高のほとけなんです。

別の人が転がして、不動明王が上になったとします。するとその人にとっては、不動明王がいちばん偉いのです。

これは、投華得仏の思想を表していることになります。

あるいは、大日如来は法人だとしましょう。人間は誰でも法人格を持っています。法人格とは、法律上の権利能力を有していることです。昔は奴隷のようにこの権利能力のない者もありましたが、近代法においてはすべての人にこの法人格が認められています。

さて、この法人格を持つのは、人間（自然人）ばかりでなく、法律によって権利能力を認められたものがあります。それを「法人」というのです。会社や労働組合、私立学校、宗教団体がそれです。

たとえば△△株式会社というのが法人です。これは自然人のように実際に存在しているわけではありません。抽象的な存在です。にもかかわらず自然人と同じように権利能力を持っています。それが法人であって、わたしは、大日如来というのはこの法人のような存在だと思います。

わたしたちはときに代表取締役社長をその株式会社だと思ってしまいますが、社長はその会社の使用人です。実際には△△株式会社というものはありません。△△株式会社は非存在であって、法律上かりに存在しているのです。大日如来はそういう非存在の存在だと思ってください。

だとすれば、マンダラに大日如来を描かないほうがいいのです。

マンダラそのもの、マンダラ全体が大日如来だと思うべきです。

その大日如来（非存在の存在）の役割を、マンダラに描かれた多くのほとけたちが分担して果たしているのです。それがマンダラの思想です。わたしはそう思っています。

▼いちばん偉いほとけ

そうすると、マンダラに描かれた大勢のほとけのうち、誰がいちばん偉いか……といった問いそのものがナンセンスであることが分かるでしょう。わたしたちは、△△株式会社で代表取締役社長がいちばん偉いと思ってしまいますが、それは大まちがいです。社長一人がいても、会社は機能しませんよ。ほかに大勢の社員がいて、会社は機能するのです。それと同じく、大勢の如来・菩薩・明王・天神たちがあって、マンダラ（マンダラ大宇宙、大日如来の世界）は機能するのです。

だから、マンダラに描かれたほとけのうち、大日如来がいちばん偉い……といった考え方はやめてください。それは、△△株式会社で社長がいちばん偉いと言うようなものです。実際の会社では社長はたしかに存在していますが、大日如来は非存在の存在です。したがって他のほとけと比較できないのです。

マンダラ大宇宙でいちばん偉いほとけは、その球形マンダラ（ドッジボール）を転がして、それがストップしたとき、いちばん上に描かれているほとけです。だから、そこに不動明王が描かれていれば、不動明王がいちばん偉いのです。不動明王は、会社でいえば守衛かガードマンの役目の人です。しかし、守衛がいなければ、その会社は機能しないのです。それと同じく、不動明王がいなければ、マンダラは機能しないのです。

観音菩薩は人気のあるほとけです。でも、人気があるという理由だけで、偉さを決めてはいけませんよ。人気があるといえば、水商売の女性たちに圧倒的人気があるのは、むしろ不動明王です。また、聖天《しょうてん》も商売人のあいだで人気のあるほとけです。聖天は、正しくは大聖歓喜自在天《だいしょうかんぎじざいてん》といい、もとはヒンドゥー教のガネーシャです。ガネーシャは象頭人身の神で、インドの民衆のあいだでは大勢のファンを持っています。しかし、ほとけの偉さを人気投票によって決めるといった考え方そのものが、わたしは邪道だと思います。

いちばん偉いほとけは、球形マンダラを転がして、偶然に頂点に来たほとけである。それがマンダラの精神です。わたしはそう考えています。

Ⅱ　密教をどう生きるか？

4

あなたは仏の子ども

▼長者窮子の譬喩

『法華経』の「信解品」には、有名な、

――長者窮子の譬喩《ちょうじゃぐうじ　ひゆ》――

があります。ちょっと紹介します。

幼いときに父親の許《もと》から逃げ出した息子がいます。父親は息子の家出に心を痛め、あちこち遍歴して息子を探しますが見つかりません。だが、この父親は成功して大富豪になりました。

それから五十年後、窮子（生活に困窮する子）は、たまたま父親の家の前にやって来ました。父親は、家の中から息子の姿を見て、それが五十年前に別れた子どもだとすぐさま気づくのですが、息子のほうはそれが父親だとは分かりません。

〈こんな国王に等しい威勢のある人の前でうろうろしていると、強制労働させられるかもしれない。急いで逃げよう〉

と、彼は走り去ります。

それを見て、父親は使者をやって、窮子を連れて来させます。だが、使者に捕まった息子のほうは、

〈ひょっとすれば、自分は殺されるかもしれない〉

と思い、気絶します。遠くからそのありさまを見ていた父は、

「この男には用がない」

と言い、息子に冷水を浴びせて目を醒まさせ、解放してやります。

しかし、父親はそのあとで一計を案じ、二人の貧相な使者をやって、「二倍の給金を貰える汲み取りの仕事」があるから大邸宅で働かないかと誘って、息子を連れて来させます。息子は給金がいいので、喜んでやって来ました。これは、現世利益による誘引ですね。

そして、汲み取りの仕事をまじめにやっているわが子に、父親は心を痛めながら、こう言います。

「おい、男よ、いつまでもここで仕事をせよ。よそに行くんじゃないぞ。給料も増やしてやろう。必要なものはなんでもやるぞ。おまえはまじめだから、わたしはおまえをわが子のように遇してやろう」

そして彼に〝息子（プトラ）〟といった名前を与えました。息子は二十年間、まじめに汲み取りの仕事に従事しました。

二十年後、父親は息子に、ようやく邸宅に自由に出入りすることを許し、財産の管理もまかせます。けれども息子のほうは、なおも邸宅の外の粗末な小屋に寝起きし、

〈自分は貧乏なんだ。このような財物は自分のものではない〉

と思い込んでいます。まさに、親の心、子知らず、です。

しかし、父親はついに決断しました。国王、大臣など大勢の人に集まってもらい、皆の前で宣言するのです。

「みなさん、聞いてください。この子はわたしの実子なんです。わたしを捨てて逃げ出したのですが、偶然にも再会することができました。この子は、まちがいなくわたしの実子です。わたしはこの子の父です。わたしの所有する全財産は、この子のものです」

この父親の言葉を聞いて、もちろん息子は喜びます。

〈自分からは何も求めていなかったのに、思いがけずにこのような宝物を得た〉

と思ったのでした。
これが「長者窮子の譬喩」と呼ばれるものです。

▼汲み取りの仕事をする仏の実子

さて、『法華経』は、大乗経典の王と呼ばれ、まちがいなく大乗仏教の経典です。したがって密教の経典ではありません。にもかかわらず、わたしはなぜ『法華経』の「長者窮子の譬喩」を詳しく解説したのでしょうか……？
それは、真言宗の開祖の空海が、次のように言っているからです。

顕密は人《にん》に在《あ》り、声字《しょうじ》は即ち非なり。（『般若心経秘鍵』）

——顕教とか密教といった区別は、それを聴聞する人間のほうにあります。説法の声や、経典の文字にあるのではありません——

この『般若心経秘鍵』は、普通には顕教の経典とされる『般若心経』（正しくは『摩訶《まか》般若波羅蜜多《はらみた》心経』）を、空海が密教の立場に立って解説した書です。『般若心経』にしても『法華経』にしても、われわれは密教の経典として読むことができるのです。だからわれわれは、この「長者窮子の譬喩」を密教の立場に立って読んでみましょう。

そうすると、汲み取りの仕事をしているこの息子は、まちがいなく大富豪の実子なんです。本人は知らないかもしれませんが、父親のほうからすれば、息子は最初の最初から息子なんです。

ということは、顕教の立場――『法華経』の普通の読み方――からすれば、あなたは汲み取りのような仕事が与えられても、それをまじめにやりなさい。そうすると、あなたはやがて仏の実子と認知されますよ。と、そうなります。

だが、密教の立場からすれば、あなたはまちがいなく仏の実子なんです。あなたは、自分は仏の実子なんだと信じて、どんな仕事が与えられても、それをプライドを持ってやりなさい。と、そうなります。

じつは、それが「マンダラの思想」なんです。

普通の考え方では、汲み取りのような仕事は「くだらない」仕事です。たとえば大企業の創業者の御曹司《おんぞうし》であれば、そんな仕事は敬遠したくなります。しかし、戦前の国鉄においては、大学卒業生は超エリートです。先々は幹部になるわけです。ところがその超エリートに、入社した最初は切符切りの仕事をやらせたそうです。そういう仕事を経験させることによって、働く者の気持ちがよく理解できるようにするためです。御曹司だからといって特別扱いをしていると、傲り高ぶった人間になります。そういうことを避けるための工夫です。それが密教の考え方だと思ってください。

▼いまの状態のまま幸せに生きる

球形マンダラ（ドッジボール）を転がせば、トップに来るほとけは偶然に決まります。いま、あなたがある状態は、まさに偶然に決まったものです。そう信じるのが、密教のマンダラの思想です。

顕教的に考えると、いまあなたがある状態は、基本的にはこれまでのあなたの行為によって決まったものです。あなたが貧乏であるのは、あなたが怠けていたからです。一生懸命努力しなかった、そのせいです。あなたが病気になったのは、過去の不摂生の結果です。もちろん、いくら努力しても、いくら摂生をしていても、貧乏になることもあれば、病気になることもあります。それはそうですが、顕教的には貧乏や病気の原因を本人の過去の行いのせいにします。

しかし、密教的には、すべてを、

――偶然――

の故にします。ドッジボールを転がしたように、何が出てくるかは偶然なんです。それが密教的見方です。

たとえば、企業や官庁において、部下が悪いことをすれば、上司が監督責任を問われる場合もあります。部下が遣い込みをしたために、課長が左遷されたということも耳にします。これはかりは本人の努力ではないですよね。偶然と見たほうがよさそうです。

このような偶然性を、仏教では、

――因縁《いんねん》――

といいます。「因」というのは直接原因で、「縁」というのは間接条件です。植物の種は因です。しかし、種があっても、雨が降らなければ、その種は発芽しません。逆に大雨になっても、種は流されてしまいます。雨が降る／降らない、温度が高くなる／ならない、といった縁によって、結果は変わってきます。だから、すべては因縁によって違ってくる。密教的にはそう考えるべきでしょう。

そして、あなたがいまある状態は、さまざまな因縁の結果です。あなたが貧乏でいるのも、あなたが病気になったのも、あなたが失脚したのも、すべてさまざまな因縁によるものです。一つや二つの原因によるものであれば、それを改変することもできるでしょう。しかし、さまざまな因縁によるものであれば、それを変えることはできませんよ。ならば、あなたはいまある状態をしっかりといただけばよいのです。

あなたがいま貧乏であれば、無理に金持ちになろうとせず、その貧乏を楽しく生きればよいのです。貧乏イコール不幸ではありません。貧乏であっても幸福に生きている人は大勢います。あなたは幸福な貧乏人になればいいのです。

病気になると、たいていの人は、その病気を治したいと思います。けれども、病気というものは、治るまでは治りませんよ。病気の治るまでのあいだは、その人は病人です。だから、病人は病人のまま、幸せに生きるようにすればよいのです。それに老人病というものがあります。前立腺肥大症がそれです。わたしも前立腺肥大症ですが、これは「老化現象」とあきらめています。別段、これを治そうなんて思っていません。老人は老人のまま、幸せに生きればよいのです。

すべての人が、いまある状態のまま、幸せに生きる。それが密教の教えるところだと思います。

▼役割分担の思想

そして、すべての人が、いまある状態のままで、世の中の役に立っています。

わたしたちは、「世の中の役に立つ人間になりなさい」と言われ続けてきました。では、どういう人が世の中の役に立つのでしょうか。なるほど、医師は世の中の役に立つ人です。しかし、わたしに言わせれば、病人のほうがもっと世の中の役に立っています。だって病人がいなければ、医師も看護師も、薬剤師も生活できませんよね。病人のおかげで彼らは生活できるのです。

そして、これを言うと誤解を受けそうですが、あえて言っておきます。わたしは、犯罪者は世の中の役に立っている人だと思います。なぜなら、犯罪者がいなくなると、警察官・裁判官・弁護士は生きていけませんね。彼らは犯罪者のおかげで生計を立てられるのです。

もちろん、わたしは、あなたに犯罪者になれとすすめているのではありません。わたしの言葉をそんなふうに受け取るのは、大いなる誤解です。あなたは、できれば犯罪者にならないでください。

ところで、犯罪者といえば、キリスト教のイエスが犯罪者です。彼はローマに対する叛逆人として訴えられ、犯罪者としてエルサレム郊外で十字架刑に処せられました。したがって、ユダヤ教からすればイエスは犯罪者です。そのイエスを「神の子」と信じた人たちがキリスト教徒です。

日本では、法然・親鸞・日蓮（一二二二—八二）が、犯罪者として流罪になっています。

いや、禅僧の沢庵《たくあん》（一五七三―一六四五）だって、江戸幕府の寺院政策を批判したため、出羽（山形県）に流罪になっています。一九二五年に制定された「治安維持法」という悪法のため、多数の良心ある人々が処刑されました。犯罪者のうちには、そういう人々もいることを忘れないでください。

まあ、ともあれ、犯罪者のおかげで大勢の司法関係者が生きていけるのです。犯罪者が世の中の役に立っていることは否定できない事実です。

ということは、この世の中のすべての人、ありとあらゆる人がこの世の中の役に立っているのです。もちろん、役に立ち方はそれぞれ違います。しかし、世の中になくていい人なんていません。みんな役に立っているのです。

わたしは、一九六四年の東京オリンピックのとき、国際オリンピックの創始者であるクーベルタン男爵の有名な言葉、

《オリンピックの精神は、勝つことではなく参加することである》

の英訳を見たことがあります。そこには、

"Not to Win, But to Take Part"

と訳されていました。なるほど〝テイク・パート〟は「参加する」と訳せます。しかしそう訳すより、むしろ「役割を果たす」としたほうがよいと思います。みんながみんな、

一位を目指すのではありません。ビリの人はビリの役割を果たす。それがオリンピックの精神です。

プロ野球には、二つのリーグに六球団ずつあります。みんながみんな、優勝を目指していますが、にもかかわらず現実には六位のチームもあります。ビリの六位のチームなんか不要だというのでは、翌年は五チームになり、その次の年には四チームになります。ビリのチームがあってこそ、一位のチームが生まれるのです。わたしは、それが、

——役割分担の思想——

だと思います。すべてのチームが、すべての人が、存在意義を持っています。それが「役割分担の思想」です。

そしてそれが「マンダラの思想」です。どんな人も、なくていい人なんかいません。みんながみんな、存在意義を有している。それが密教の考え方です。わたしはそのように信じています。

▼すべて財産は大日如来のもの

わたしたちはみんな仏子です。仏の実子です。

仏の実子が、仏に頼まれて、この世におけるいろんな役割を果たしているのです。

いい役割もあります。いやな役割もあります。いやな役割を果たすはめになったとき、〈しかし、この役割は、わざわざ仏がわたしを指名されて与えられた役割だ〉と思うべきです。わたしは自分の前立腺肥大症をそのように考えています。いや、自分が老人になったことを、ありがたく受け取っています。

昔、パキスタンのイスラム教徒と論じ合ったことがあります。彼があまりに「アッラー、アッラー」と言うので、

「アッラーがそんなに偉い神であれば、なぜこのような不平等な世の中を創ったのか？この世の中には大金持ちがいるかと思えば、三日に一食しか食えない貧しい人がいるではないか!?　なぜみんなを平等にしなかったのか？」

と、ちょっと意地悪な質問をしました。パキスタン人は「分からない」と答えたので、わたしがその理由を教えてやりました。

「みんなを平等にしておくと、公共事業をやるとき、みんなから等分に金を集めねばならない。すると、中には金を出さない連中が出てくる。たとえば川に橋を架けようとすれば、自分はその橋を使う回数が少ないという理由で、けちる奴がいるだろう。そこでアッラーは、大金持ちに、

〝おまえにこの金を預けておくから、みんなのために使ってくれよ〟

と頼まれたのだ」

じつはこの解釈は、わたしはインドのヒンドゥー教徒から教わったものです。でも、キリスト教徒だって、この解釈に賛成してくれました。

そしてわたしは、これが密教の考え方だと思います。

この世の中にはいろんな役割の人がいます。大日如来からお金を預かって、貧しい人々のために使ってくれよと頼まれている人もいます。そして、金持ちから金を受け取ってやる貧しい人もいます。

エジプトを旅行したとき、路上生活者が、

「ハーガ・リッラー、ハーガ・リッラー」

と言っていました。通訳にその意味を問うと、

「アッラーにお返しください」

ということでした。おまえが所有する金は、アッラーのものだぞ。おまえはアッラーから預かっているだけだ。それをアッラーに返せ。と言っているのです。

これは密教の役割分担に通じます。貧しいからといって、卑屈になる必要はありません。金持ちの財産は大日如来のものです。その大日如来のものを、貧しい人が金持ちから取り返すだけです。わたしはそう考えています。

▼ほとけを信じる

あなたは仏の子どもです。

けれども、社長の子どもの全員が将来、社長になれるわけではありません。数人の子どもがいれば、社長になれるのはそのうちの一人です。残りは冷や飯を食わされることになりかねません。

したがって、仏の子どもであっても、さまざまな因縁によって、冷や飯食いになることもあります。『法華経』の長者窮子のように、仏の子どもでありながら汲み取りの仕事をするはめにもなります。

それらはすべて因縁によるものです。

あなたに原因（因）があるわけではありません。

〈しまった！　あのとき、わたしがあんなことをしなければ、こういうはめにはならなかったのに……〉

と、あなたは現在の不幸を自分のせいにするかもしれませんが、そりゃああなたにまったく責任がないわけではありません。しかし、あなたに万分の一の責任があるにせよ、万分の九千九百九十九は縁によるものです。〈どういうわけかこうなってしまった〉と思っていればいいのです。

つまり、あきらめてください。

〝あきらめ〟といえば、「断念する」ことのように聞こえますが、この場合の〝あきらめ〟は〝明らめ〟です。さまざまな因縁によって、現在のこのような結果になったのだと明らかにするのです。

そして同時に、あなたは仏の子どもだと明らかにします。これは「明らかにする」というより、「そのように信じる」といったほうがよいかもしれません。

あなたは、〈自分は仏の実子だ〉と信じて、プライドを持って生きるのです。

たとえば、大学入試に失敗すれば、

〈きっとほとけさまは、今年合格すれば、相性の悪い奴と同級生になり、きみはそいつからいじめられて不幸になるよ。だから一年浪人したほうがよいのだ、とおっしゃりたいのだろう〉

と考えて、ゆったりと浪人生活を送る。それができれば、自分は仏の実子だと信じたことになります。そしてプライドを持って生きることになります。それが密教の考え方です。

あなたが貧乏であっても、貧乏イコール不幸ではありません。うなるほどの金を持っていても、家庭的に不幸な人が大勢います。ほとけさまはあなたに、

〈貧乏であっても、楽しい人生を送ってくれよ〉

と願っておられるのだと気づく。それがほとけを信じたことです。密教はそのような教えを説いているのです。わたしはそう考えています。

5

のんびり・ゆったりと

▼『般若心経』

加藤登紀子と野坂昭如が歌った「黒の舟唄」（能吉利人作詞、桜井順作曲）があります。とてもいい歌です。

男と女の間には
ふかくて暗い　河がある
誰も渡れぬ河なれど
エンヤコラ今夜も舟を出す

ロウアンドロウ　ロウアンドロウ
ふりかえるな　ロウ　ロウ

わたしは、この歌は『般若心経』を歌ったものではないかと考えます。

前にも言いましたが、『般若心経』は正しくは『摩訶般若波羅蜜多心経』といいます。〝摩訶（マハー）〟は「大」、〝般若（プラジュニャー）〟は「智慧」、〝波羅蜜多（パーラミター）〟は「彼岸に渡る」、〝心〟は「中心・精髄」の意です。したがって「摩訶般若波羅蜜多心経」は、

――（悟りの）彼岸に渡るための大いなる智慧の精髄を教えた経典――

ということになります。

わたしたちは此岸《しがん》に住んでいます。此岸は仏教では〝娑婆《しゃば》〟といい、迷いの世界です。煩悩の世界。そしてこの煩悩の世界では、何一つ問題は解決できません。たとえば嫁と姑の対立だって、本当の意味での解決は不可能で、まあ「妥協」しかありません。それは職場の同僚のあいだでの対立も同様です。

そこで、問題を真に解決するためには、われわれは迷いの世界を捨てて、悟りの彼岸に渡る必要があります。

――悟りの彼岸に渡れ！――

というのが、仏教のスローガンです。

では、どのようにして彼岸に渡りますか？

まず最初に考えられるのは、此岸と彼岸のあいだにある大きな河を泳いで渡ることです。そして、泳ぐためには、着ているものを脱いで裸にならねばなりません。財産を背負って渡ることはできませんから、すべてを捨てる必要があります。また、妻子を連れて泳げませんから、それらを捨て去る必要があります。なにせ自分一人だって、泳ぎきれる自信がないのですから。

それが小乗仏教です。小乗仏教は、財産も繫累《けいるい》も、すべてを捨てて出家せよと教えています。

それに対して大乗経典である『般若心経』は、なにも出家する必要はない。わたしたちは智慧でもって彼岸に渡ればよいのだ。そう教えています。

▼分別智と無分別智

では、智慧とは何でしょうか？

じつは「ちえ」には二種類があります。

一つは「知恵」で、これは凡夫の知恵です。この知恵は欲望にもとづいています。もう一つは「智慧」で、これはほとけの智慧です。

仏教では、前者を分別智、後者を無分別智と呼びます。世間一般では、分別のあることはよいことだとしますが、仏教では「分別するな！」と教えています。なぜならわれわれがする分別は、たいていが妄分別《もうふんべつ》であって、区別する必要のないものを区別して、それにこだわっているからです。池に母と妻の二人が溺れています。どちらを先に救うべきか？そう考えて悩むのが分別智です。一方、「どちらでもよい」と考えるのが無分別智です。

でも、わたしがそのように言えば、たいていの人は、

「しかし、いずれかを先に救わねばならないのでしょう。では、母と妻と、どちらを先にすればいいのですか……？」

と反問します。やはり分別して、こだわっているのです。

ある禅僧は、このような問いに対して、

「わしであれば、近くにいる者から先に助ける」

と答えました。分別智だと「母」と「妻」に分別（差別）してしまいます。しかし、そんな分別をせず、「ただの二人の女性」だとすれば、誰だって近くにいるほうから先に助けますよね。それはほとけの智慧なんです。

そしてわたしは、
分別智は……問題解決のための知恵、
無分別智は……問題を解決しようとしないで、問題を抱えたまま楽しく生きるための智慧、
といったふうに思っています。
浄土真宗大谷派の学僧であった安田理深（一九〇〇―八二）の居宅が、隣家からの貰い火で全焼してしまいました。学者が火事に遭うのは惨《みじ》めです。多数の蔵書はもとより、研究論文やノートがすべて灰燼《かいじん》に帰しました。惜しんでも惜しみきれません。
最初、安田は、隣家に自分の大事なものを「焼かれた」と考えて、隣に復讐したいと思いました。しかしそのうちに、仏教を学んでいる人間がこんなことではいけないと考えて、あれは自分で「焼いた」のだと思い、隣家の人を許そうとします。
だが、どうしても自分で焼いたのだとは思えません。事実ではないからです。
そして最後に、安田は、
――ただ焼けただけ――
といった明らめに達します。「焼かれた」のでもなく、「焼いた」のでもない、ただ「焼けた」と事実を淡々と受けとめることにしたのです。そのことによって安田は、自分も他

人も傷つけない見方に達したのです。火事のあと、安田は大学の学生たちにそう語ったといいます。

復讐を考えるのは、問題を解決しようとする分別智です。かりに復讐が成功しても、後味が悪く、しこりが残ります。

しかし、隣家を許そうとするのも、やはり問題を解決しようとしているのです。そのために、事実でないことを事実とし、その考えに執着してしまいます。われわれが他人を許そうとするのは、どこかにこだわりがあります。

いずれにしても、問題を解決しようとする知恵は、分別智です。

それよりは、問題を解決しようとしない、無分別智がいいのです。

そういう智慧、無分別智によって、彼岸に渡ることを教えているのが『般若心経』です。

▼忘却の効用

たしかに彼岸の智慧・ほとけの智慧・無分別智でもって物事を見れば、これまでとはまったく違った見方になります。わが子に先立たれたようなとき、わたしたち凡夫は、いろいろと悔恨の情にかられるのです。

〈なぜにあの子は死んだのか⁉〉

〈あのとき、ああしていれば、あの子は死なずにすんだのに……〉

〈あの子が死んだのは、わたしのせいだ〉

しかし、そんなふうに後悔しても、わが子が死んでしまったという事実は変わりません。後悔するだけ無駄です。失敗を反省したって、事実は変わらないのです。

サンスクリット語に、

――プラパンチャ――

という語があります。これは、漢訳仏典では「戯論《けろん》」と訳されているものです。しかし、その本来の意味は、「複雑化」といった意味です。

われわれは物事を複雑にしてしまいます。ただわが子が親より先に死んだだけなのに、〈なぜ……?〉と考えると複雑になるのです。ただ焼けただけなのに、〈焼かれた〉〈焼いた〉と考えると、あれこれ妄想が生じます。「不戯論」というのは、物事を複雑にするな！といった仏教の誡めです。

古代インドの「ブラーフマナ文献」に、次のような説話があります。辻直四郎著『古代インドの説話』（春秋社）より引用します。

さてヤマが死んだ。それらの神々はヤミー（ヤマの双生児）にヤマを〔忘れるように」と。彼らは言った：「彼（ヤマ）は今日死につ」と。彼らが彼女に尋ねるごとに彼女は言った：「彼に」諫めた。彼らは言った：「かくありては、彼女の彼を忘るることなし。われら夜を創らん」と。その時代には実に昼のみあって夜がなかった。それらの神々は夜を創った。それ以来翌日なるものが生じた。そこで彼女は彼を忘れた。それゆえ人は言う：〝昼夜は実に禍を忘れしむ〟と。

ヤマとヤミーは双生児です。ヤマは男性の第一号で、ヤミーは第一号の女性です。地上には二人しかいないので、近親相姦になりますが、二人は夫婦になります。そしてヤマが先に死にます。ついでに言っておきますが、このヤマが仏教においては閻魔《えんま》王になります。人類の第一号で、また死者の第一号なもので、死の世界の王とされたのです。

さて、夫のヤマが死んで、妻のヤミーは嘆きます。神々はヤミーに「忘れよ」と忠告しますが、ヤミーはいつまでも、

「ヤマは今日死んだ」

と言って悲しむばかりです。というのは、当時は夜がなかったので、いつまでたっても今日なんです。

そこで神々は夜を創りました。

夜ができたので、翌日ができ、ヤミーは、

「昨日、ヤマが死んだ」

と言うようになります。そしてその昨日が一昨日になり、一週間前になり、一月前になります。その結果、ヤミーはヤマの死を忘れることができたのです。そういう物語です。〝日《ひ》にち薬〟といった言葉があります。四十肩なんて、たいていは日にち薬で治るものです。治るのではなく、時間の経過とともにそれに馴れるのでしょうか。それと同じで、悲しみも日にち薬で癒やされます。

日にち薬というものは、つまりは忘却です。忘れてしまえばいいのです。

わたしたちは、過去の悲しみを忘れることによって、その悲しみが小さくなるのです。それが一種の悟りの境地ではないでしょうか。わたしたちは忘却によって彼岸に渡ることができるのです。忘却というものは、ある意味では彼岸の智慧かもしれません。わたしはそう考えています。

▼彼岸も此岸もない

ともあれ仏教は、わたしたちに、

――彼岸に渡れ！――

と呼びかけています。小乗仏教のように、裸になって泳いで渡る出家主義の渡り方もあれば、『般若心経』のように智慧でもって渡ることを教えた経典もあります。が、いずれにしてもわたしたちが悟りの彼岸に渡ることを説いているのが仏教です。

ところが、密教はちょっと違います。

彼岸に渡るとなると、どうしても修行が必要になります。坐禅をしたり、千日回峰行をしたり、あるいは断食をしたり、滝に打たれて水垢離《みずごり》を取らねばなりません。

修行というのは、自己否定です。現在の自分ではよくない。もっと立派な人間にならねばならない。そのための自己改造が修行です。

そのような自己否定を、密教は嫌います。

――あなたがいまある、そのままでいいではないか――

という考え方が、密教の基本精神です。

したがって、密教は、なにも彼岸に渡る必要はないと考えるのです。

いや、そもそも彼岸なんてないのです。彼岸と名づけようが、此岸と呼ぼうが、いずれも仏の世界です。大日如来の宇宙です。すなわちマンダラ大宇宙です。そのマンダラ大宇宙の中で、わたしたちは生きているのです。

ですから、彼岸と此岸のあいだに、深くて暗い河なんてないのです。わたしたちがどこにいても、そこはマンダラ大宇宙です。
それが密教の世界観です。
そういう世界観を持って、わたしたちは生きるのです。
では、どのように生きればよいでしょうか……？

▼自己改造する必要なし

それについては、すでにわたしは2章で論じておきました（五四ページ参照）。わたしという全存在をマンダラ大宇宙の中に投げ込んでしまえばいいのです。これは道元の考え方ですが、しかしこれは禅の考え方ではなしに密教の考え方です。わたしは、道元は密教の思想家だと思っています。
道元はこう言っています。

　この生死はすなはち仏の御いのちなり。これをいとひすてんとすれば、すなはち仏の御いのちをうしなはんとするなり。これにとどまりて生死に著《じやく》すれば、これも仏のいのちをうしなふなり、仏のありさまをとゞむるなり。いとふことなく、したふことなき、このときはじめて仏のこゝろにいる。たゞし、心をもてはかることなかれ、ことばをもていふことなかれ。ただわが身をも心をもはなちわすれて、仏のいへになげいれて、仏のかたよりおこなはれて、これにしたがひもてゆくとき、ちからをもいれず、こゝろをもつひやさずして、生死をはなれ、仏となる。（『正法眼蔵』生死）

――この生死は、とりもなおさず仏の御《おん》いのちである。これを忌避し捨てんとすれば、まさしく仏の御いのちを失うことになる。逆にこれを大事にしすぎて生死に執着すれば、それも仏のいのちを失って、ただ外形だけで仏らしくしているにすぎない。生死を厭《いと》うことなく、執着することもなくなったとき、そのときはじめて仏のこころが分かってくる。ともあれ、あれこれ揣摩臆測《しまおくそく》するな。言葉でもって言おうとするな。ただ、わが身とわが心をすっかり忘れ去ってしまい、すべてを仏の家（仏の世界）に投げ込んでしまって、仏のほうからの働きかけがあって、それに随《したが》っていくようにしたとき、力も入れないで、心労もせず、迷いを離れて悟りを得ることができる。――

わたしたちのいのちは仏のものです。仏からお預りしているのです。別の言葉でいえば、わたしたちは仏の実子です。

ならばわたしたちはすべてを仏におまかせして、のんびり、ゆったりと生きればよい。

無理に自己を改造する必要はありません。あなたはあなたのままでいいのです。ただのんびり、ゆったりとする。それが密教的生き方だと思います。

▼そのままで生きる

インド民話にこんな話がありました。

九十九頭の牛を所有する金持ちがいました。彼は、あと一頭の牛を手に入れると、きりのよい百頭になると思って、わざとオンボロの服を着て、貧乏人になりすまし、幼馴染みの家を訪ねます。

幼馴染みは一頭の牛を持って、細々と暮らしています。まあ、貧乏なのです。

金持ちは貧乏人に訴えました。

「わしは落ちぶれて、子どもたちに満足に食べさせることもできないありさまだ。幼馴染みのよしみで、助けてくれ」

もちろん嘘ですよ。ですが金持ちは、そう言って友人を騙したのです。

ところが、幼馴染みは気のいい男でした。

「ぼくは、きみがそんなに困窮しているとは知らなかった。もっと早くに援助の手を差し伸べるべきであったのに、申し訳ない。自分は、この一頭の牛がなくても、女房と一緒に働けばなんとかなる。だからこの牛をきみに差し上げよう」

そう言って彼は、全財産である一頭の牛を友人に布施しました。

金持ちは、〈これできりのいい百頭になった〉と、その晩、喜んで寝ます。一方の貧乏人も、友人を助けることができたと喜んで寝ました。

では、どちらの喜びが本物でしょうか？　わたしが読んだ英語の民話の本には、最後にそういう疑問文がついていました。

わたしは思います。金持ちの喜びはたった一晩の喜びだ、と。なぜなら彼は翌朝、〈牛がきりのいい百頭になった。さあ、この次は、目標百五十頭にしてがんばるぞ〉と、考えるからです。目標百五十頭にすれば、百頭の牛はたちまちマイナス五十頭になります。これはゼロ以下の数字です。そのマイナス五十を、マイナス四十、マイナス三十……にするために、彼は、

——あくせく・いらいら・がつがつ——

と働かねばなりません。そして、よしんば百五十頭に到達しても喜びはたった一晩のことで、彼はまた目標二百頭にして、がんばらねばならないのです。

一方、貧乏人の喜びは長く続きます。牛という財産はゼロになりましたが、彼は女房と力を合わせて、毎日を、

——のんびり・ゆったり・たのしく——

暮らすことができます。わたしは、貧乏人のほうが幸せだと思います。

考えてみれば、昨今の日本人の大部分は、あくせく・いらいら・がつがつと働いているのではありませんか。経済大国になったにもかかわらず、いや経済大国になったが故に、そういう生き方をしなければならなくなったようです。

けれども密教は、わたしたちにのんびり・ゆったりと生きなさい……と教えてくれています。

貧乏人が金持ちになろうとすれば、あくせく・いらいら・がつがつとがんばらねばなりません。でも、貧乏なままでいいではありませんか。貧乏なままで、のんびり・ゆったりと生きよ。密教はそのように教えてくれています。

劣等生が優等生になろうとすれば、自己改造をして、がんばって生きねばなりません。でも、劣等生であってなぜ悪いのですか。あなたが劣等生であれば、劣等生のまま、のんびり・ゆったりと生きればよいのです。

ともかく自己否定をしないでください。あなたは仏の子どもです。そして仏は、あなたがあなたのままであっていいと言ってくださっています。そう信じるのが密教です。あなたは密教的に生きましょう。密教的に生きるとは、のんびり・ゆったりと生きることです。

あくせく・いらいら・がつがつの生き方はやめましょう。それがわたしからの提案です。

6

目盛りのない物差し

▼他人と自分を比較する

密教と普通の仏教――それを顕教といいます――との根本的な違いは、密教は、

――目盛りのない物差し――

を使うことだと思います。目盛りがついていない物差しでもっては、もの（事物）を測ることができません。密教が目盛りのない物差しを使うということは、つまりは密教においてはものを測らないのです。そこに密教の特質があります。

目盛りのある物差しを使えば、わたしたちはものを比較するようになります。いや、逆かもしれません。わたしたちはものを比較するために目盛りのある物差しを使います。

い、ものをくらべることとは、つまりは分別智の働きです。
そして、くらべることによって慢心が生じます。
仏教では、その「慢」を七慢に分類しています。ざっと解説しておきます。
1　慢……これは、自分と他人とを比較して、自分も相手もわりと正確に評価したときに生じる慢心です。慢心というのは、心が高ぶることです。自分と同等な相手に対して、相手は自分と同等だと思い、力の劣った相手に対して、自分のほうが上だと思うのが、この「慢」です。
2　卑慢《ひまん》……自分より優れた相手に対して、自分のほうが劣っていると思うのがこれです。この場合も、実力を正確に判定しているのですが、たいていの人は〈なあに、負けるものか〉と思います。それが慢心です。
3　過慢……自分と同等な者に対して、自分のほうが優れていると思い、自分より上の者に対して、〈あいつと俺は同等だ〉と思うのがこの過慢です。つまり、自分を一段階高く評価しているのです。
4　慢過慢……自分より実力が上の者に対して、〈あいつより俺のほうが上だ〉と思うのがこれです。つまり自分を二段階上に評価しているのです。
5　我慢《がまん》……〈俺が、俺が〉といった自我意識です。そうすると自分が偉い人間だと思い、他人を軽んずることになります。日常語の〝我慢〟（耐え忍ぶこと）と違っています。

6　増上慢《ぞうじょうまん》……悟りを開いていないのに、自分は悟りを開いたと天狗になっているのがこれです。

7　邪慢……徳がないくせに、〈俺には徳がある〉と思って高ぶっている心をいいます。

このように、自分を他人と比較すると、慢心が生じるわけです。でも、わたしたちは、他人を無視できません。どうしても他人と自分を比較せざるを得ないようです。

英語に〝ライヴァル（rival）〟といった語があります。現在は「競争相手・対抗者」の意味に使われていますが、もとは「同じ川を利用する人」の意味で、「仲間」の意味でした。シェークスピア（一五六四―一六一六）を読んでいたら〝ライヴァル〟といった語が出て来て、それを「競争相手」としたら意味が通じなくて困ったことがあります。シェークスピアは〝ライヴァル〟を「仲間」の意味に使っていたのです。

「同じ川を利用する者」は、本来は仲間です。しかし、同じ川を利用していれば、そこにどうしても利害の衝突が生じます。だから「仲間」が「競争相手」になるのです。「慢」というのも、そういうものかもしれません。

▼「一得一失」

では、どうすればよいでしょうか……?

そう問うと、たいていの人は、「比較しなければよい」と答えますが、それはわたしがいま述べたことをちゃんと理解していないからです。だって、競争意識は仲間のうちで生じるものですよ。〈なあに、あいつには負けるものか〉といった慢心は、一緒に住んでいるから生じます。したがって、われわれは、自分と他人を比較しないわけにはいきません。「比較しなければよい」といった答えは、もともと成り立たないのです。では、どうすればよいでしょうか。

そこで考えられるのは、比較した上で、

——どちらでもいい——

——なんだっていい——

と思うことです。比較の結果にあまりこだわらないのです。

禅の公案集である『無門関』に、こういう公案があります。

清涼《しょうりょう》大法眼《だいほうげん》、因《ちな》みに僧、斎前《さいぜん》に上参す。眼《げん》、手を以《もっ》て簾《すだれ》を指す。時に二僧有り、

同じく去って簾を巻く。眼《げん》曰く、「一得一失」。（第二十六則）

解説を加えながら現代語訳をします。

清涼大法眼、これが主役です。清涼院の大法眼和尚です。この人は法眼文益《ぶんえき》という名前で、中国、唐代の禅僧です。

この法眼文益のところに、ある日、斎前（昼食前）に二人の僧が参禅に来ます。法眼はやって来た二人に、手でもって簾を指示しました。〈いいところに来てくれた。ちょっと簾を巻き上げてくれ〉というわけでしょう。

で、二人の僧は簾を巻き上げます。

すると、法眼和尚は言いました。

「一人は良し、一人は悪い」

と。

いったい、これはどういうことなんでしょうか？　このように現代語訳をしてみても、さっぱり意味が分かりません。

禅の公案は、いろいろと解釈できますが、わたしはこれを、法眼文益は「どちらでもいい」と教えたものだと読んでいます。

二人が簾を巻き上げる。それを比較すれば必ず優劣があります。その優劣を決める尺度は、いろいろです。スピードによって決める。美しく巻き上がったか／否かによる。さまざまな要素を勘案して、どちらが優れているかを決めます。その結果で、法眼文益の、

「一得一失」――「一人は良し、一人は悪い」――

になるわけです。

だが、ここで法眼は、どちらが良くて／どちらが悪いかを言っていません。普通の査定だと、誰々よりも誰々のほうが優れている、となるわけです。それが言われていないのだから、法眼は、「どちらでもいい」と言ったことになります。わたしはそのように解釈しています。

わたしたちが事物を比較すれば、必ずそこに優／劣が生じます。でも、「比較するな！」と言うわけにはいきません。いわば本能的に比較してしまうからです。だから法眼文益は、弟子に、

「いいかい、世間の標準だと、〝どちらかが良くて／どちらかが悪い〟（一得一失）と査定することとなる。しかし、おまえたちは、そんなことにこだわる必要はない。他人のことなんか気にせず、自分のやるべきことをしっかりやればいいんだよ」

と教えたかったのです。わたしはそのように考えるのです。

▼他人のことは、ほっとけ

もう一つのやり方（考え方）は、

――他人のことは、ほっとけ！――

というものです。それが比較をしないやり方です。

釈迦は、入滅の直前、侍者のアーナンダ（阿難）に次のように言っています。

　されぱアーナンダよ、なんじらはただみずからを燈明とし、みずからを依拠として、他人を依拠とせず、法を燈明とし、法を依拠として、他を依拠とすることなくして住するがよい。（『マハーパリニッバーナ・スッタンタ』増谷文雄訳による）

これが後世において、

――「自燈明、法燈明」――

と呼ばれているものです。他人がこうしているから、自分もまたこうしなければならないと考えるのは、自分を燈明にせず、他人を燈明にしているのです。釈迦はそのような態度を誡めています。

もちろん、われわれは釈迦の教えである「法」を燈明とせねばなりません。けれども、その「法燈明」の前に、「自燈明」が置かれています。これは、つまりは主体化の確立です。「法燈明」が先に来るのであれば、われわれはただ釈迦の教えを命令として、盲目的に従うことになります。それではいけない。もっと自分を大事にせよ！　それが釈迦の教誨だと思います。

また、伝説によると、釈迦は誕生の直後、七歩を歩み、右手を挙げて天を指し、左手は地を指し、

天上天下、唯我独尊《ゆいがどくそん》。（『過去現在因果経』）

と宣言したといいます。これもまた「自燈明」につながるものです。

したがって、われわれは自分のことを考えていればいいのです。他人のことはほっとけばいいのです。

こんなユダヤのジョークがあります。

二軒のパン屋さんが並んでいました。その一軒に神さまがやって来て、「おまえの望みをかなえてやる」と言われた。それで彼は自分の希望を言おうとすると、

「待て、待て。おまえの望みはなんなりとかなえてやるが、同時に隣のパン屋にも、おまえの望みの二倍をかなえてやることになっておる。おまえが一億円をくれと言えば、すぐに一億円をおまえにやるが、隣には二億円をやる。そういうことになっている。それをよく考えて希望を言え！」

と、神が言われました。それで困ったパン屋は、神さまに訊きます。

「じゃあ、不幸であれば、隣は二倍不幸になるのですか？」

「それは、その通りだ」

「じゃあ、神さま、どうかわたしの片目を潰してください」

彼が片目を失えば、隣は両目を失うことになります。他人のことを気にすれば、こういう結果になりそうです。

にもかかわらず、わたしたちは他人のことが気になるのです。仏教講演会において、わたしが、「貧しくても、のんびり・ゆったりと生きればよい」と話すと、「世の中には借金取りに追いかけられて、のんびり・ゆったりできない人がいます。そういう人は、どう生きればよいのですか?」と質問する人がいます。わたしは質問者に、

「あなたが借金取りに追いかけられているのですか？　あなたは、自分がどう生きるかを考えるべきです。自分の問題として仏教を学びなさい。他人のことはほっときなさい」

と答えるようにしています。それが仏教を勉強する態度だと思います。

▼人間に他人を救う力はない

しかしながら、「他人のことはほっとけ！」というわたしの言葉を、〈冷たい〉と感じられる人も多いと思います。だが、救いというものに二種あることを忘れないでください。それは、「政治的救済」と「宗教的救済」です。

たとえば、学校や職場でいじめに遭っている人を救い、いじめをなくそうとするのは政治的救済です。それは学校の問題、企業の問題、行政の問題、警察の問題です。宗教の問題ではありません。

いじめを宗教の問題として考えるのであれば、いじめを受けている本人や親たちが、それを自分の問題として考えるべきです。

いや、どんな問題であれ、それを他人の問題として考えれば、その解決は政治的解決・政治的救済になってしまいます。それは政治家（行政マン、学校の教師、企業の経営者）が考えるべきであって、わたしは政治家でないから、そういうわたしを「冷たい」と評される人がまちがっています。

したがって、政治家は「他人のことはほっとけ！」と言ってはいけません。それを言えば、その人は政治家失格です。

それから、政治家が問題を解決しようとすれば、必ず物差しを使います。もちろん目盛りのある物差しです。これぐらいはほっといてもいいだろう。これは大問題だ。早急に解決せねばならない。そういう判断をするわけです。それが政治のやり方です。

しかし仏教者は、「他人のことはほっとけ！」でいいのです。なぜかといえば、仏教者は、あくまでも自分の問題を、自分の問題として考えればよいからです。それが「自燈明、法燈明」だと思います。

そして、その仏教者の態度を「冷たい」と評するのはまちがいです。

なぜなら、人を救われるのは仏だからです。

人間に人を救う能力なんてありません。仏だけが人を救う能力をお持ちです。

そして、それを信じているのが仏教者です。

だから仏教者は、「人のことなど、わしゃ知らん」と言ってよいのです。

その点については、親鸞が左のように言っています。


慈悲に聖道・浄土のかはりめあり。

聖道の慈悲といふは、ものをあはれみ、かなしみ、はぐゝむなり。しかれども、おもふがごとくたすけとぐること、きはめてありがたし。

浄土の慈悲といふは、念仏していそぎ仏になりて、大慈大悲心をもて、おもふがごとく衆生を利益《りやく》するをいふべきなり。

今生に、いかにいとをし不便とおもふとも、存知のごとくたすけがたければ、この慈悲始終なし。

しかれば、念仏まふすのみぞ、すえとをりたる大慈悲心にてさふらうべきと云々。

（『歎異抄』第四段）

――聖道門と浄土門とでは、慈悲の考え方がちがっている。

聖道門で慈悲というのは、対象を憐れみ、悲しみ、保護してやろうとするものだ。しかしながら、思いのままに他人をたすけてあげることは、まずはできそうにない。そこで浄土門では、慈悲は、お念仏をして自分自身が急いで仏になり、その仏の大慈悲心をもって自由自在に衆生をたすけてあげることをいうのだ。

いまこの世にあって、どれだけ他人に同情し、相手を気の毒に思っても、完全な意味で他者をたすけてあげることができぬのであって、そういう慈悲はしょせん中途半端なのだ。

だとすれば、ただただお念仏することだけが、徹底した大慈悲心である。親鸞聖人《しんらんしょうにん》はそう言われた――

親鸞は、聖道門（オーソドックスの仏教）と浄土門（他力の仏教）とを区別していますが、これはあまり区別する必要はないと思います。ただわれわれは弱者に対して同情し、なんとか救ってあげたいと思います。しかしながら、われわれに本当に他人を救う力はありません。ただ仏だけがその力をお持ちです。だとすれば、われわれが仏になるよりほかないではないか。親鸞はそう言っているのです。

▼無限大の価値

さて、本章の冒頭で、わたしは、

顕教は……目盛りのある物差しを使い、

密教は……目盛りのない物差しを使う、

と言いました。目盛りのない物差しとは何か？　それは、仏が使っておられる物差しです。ということは、仏は物事を測らないのです。査定しません。

われわれは人間の物差し（目盛りのある物差し）を使いますから、どうしても物事を差別化します。科学の発達とともにこの差別化がますます進み、大きさをくらべるにも○・○何ミリまで測定し、こちらのほうが大きいとなります。そういう時代にあって、

「どちらでもいいんだよ」

と言われても、かえって困ってしまいます。それなら測らないで、差別化しないほうがよいのです。昔の人は測定技術が進歩していないので、あまり差別化しないですんだのです。

そこで密教では、

――目盛りのない物差（仏の物差し）を使って測れ――

となります。それは、換言すれば、

――測るな！――

――分別するな！――

ということです。あるいは、

――すべてのものに無限大の価値がある――

となります。わたしたちは、十八億四千三百万円と十八億四千二百万円を比較して、前者のほうが価値が高いと思いますが、無限大であれば価値の比較はできません。だから測らないことになります。

前にも言いましたが、病院において、医師・薬剤師・看護師は役に立つ人です。価値が大きい。そして、事務職員も患者の食事をつくる人も、清掃する人も、みんな役に立つ人です。では、その役に立つ度合いをどのように測定しますか？　たぶんわたしたちは、給料の大小によって比較するでしょう。

ところが、そこに患者を加えると、どうなりますか？　患者は病院から給料を貰っているわけではありません。しかしながら、患者がいないと病院経営は成り立ちませんから、患者は病院にとって役に立つ人です。では、医師・薬剤師・看護師・事務職員・清掃人・患者の価値の大小を、どのように査定すればよいでしょうか？

密教においては、それを仏の物差し（目盛りのない物差し）によって査定します。すべての人が無限大の価値を有している。それが密教の考え方です。

それがマンダラの考え方です。すべての人がドッジボールの表面に描かれています。そしてドッジボールを転がせば、トップの位置に来る人はその都度違います。みんな無限大の価値を持っているのですが、いま、たまたまあなたの目の前に掃除をしているおばさんがいれば、その人がいちばん重要な人です。価値の高い人です。そう考えるのが密教のマンダラの思想なのです。

病院の中だけではありません。あなたが道を歩いていて、そこで出会う人のすべてが最高の価値、無限大の価値を持っています。それがマンダラの思想です。

▼異次元空間

この世に存在するすべての人が無限大の価値を持っています。いや、人間ばかりではありません。あらゆる動物、あらゆる植物が無限大の価値を有しています。山や河、海のすべてが無限大の価値を持っているのです。それが密教のマンダラの思想です。

したがって、わたしたちが日常生活で出会うすべての人が、あらゆる対象が、大日如来の顕現です。ドッジボールそのものが大日如来であって、そこに描かれた人、動物、植物、山河が大日如来の顕現だからです。いま、たまたま大日如来が、目の前の事物となって現われてくださったのです。

だから、われわれはどんな人と出会っても、その人を大日如来として拝むべきです。それが密教の考え方です。

けれども、勘違いしないでください。わたしは眼の前の人を好きになれと言っているのではありません。どんなにしても好きになれない人もいます。はっきりいって嫌いな人もいます。それはそれでいいのです。しかし、どんなに嫌いな人でも、その人を大日如来の顕現として嫌ってください。拝みながら嫌うのです。それが密教の教えです。

わたしは昔、四国にお遍路《へんろ》したとき、感じたことがあります。

〈ああ、お四国は異次元空間なんだ〉

と。

四国は、もちろん現実に存在している地理的空間です。徳島県・高知県・愛媛県・香川県の四県で構成されています。

それに対して「お四国」というのは、異次元空間です。地理的空間としては、どこにも存在していません。しかし、四国八十八か所巡りをするお遍路さんの心の中には、ちゃんと存在している空間なんです。

お遍路さんは、出会った人を必ず拝み合うことになっています。お遍路さんは片手に杖を持っていますから、片手でしか拝めません。それを「片手合掌」といいます。

その拝み合う心があれば、四国はたちまちお四国に変じます。そりゃあ、お四国にだって、いやな人はいます。憎らしい人間もいます。でも、憎らしい人間が憎らしいままでほとけさまです。いやな奴がいやな奴のままでほとけさまです。

だから、わたしたちは心の中に異次元空間を持つことです。もっとも、四六時中、異次元空間に住むことはできません。しかし、たまには異次元空間に移住しましょう。そうです、たまには目盛りのない仏の物差しによって、あらゆる事物が無限大の価値を有していることを信じて、目の前の事物を拝む心を持つのです。それが異次元空間、密教のマンダラ世界に移住したことになります。わたしはそう考えます。

7

密教は自力か？　他力か？

▼「猿の道」と「猫の道」

仏教に、自力の仏教と他力の仏教があります。

迷いの此岸から悟りの彼岸へ、自分の力でもって泳いで渡ろうとするのが「自力」の仏教です。禅宗がその代表です。

それに対して「他力」の仏教は、自力で泳いで渡る自信のない弱い者が、阿弥陀仏におすがりして、阿弥陀仏が用意してくださった船に乗せてもらって、彼岸に渡ろうとするものです。浄土宗や浄土真宗、時宗がこの「他力」の仏教です。

あるいは、小さなボートに乗って、自分一人でそれを漕いで彼岸に渡ろうとするのが

「自力」で、阿弥陀仏の大きな船に乗せてもらうのが「他力」、と説明してもいいでしょう。

しかし、注意していただきたいのは、一〇〇パーセント「自力」の仏教なんてないということです。仏教にかぎらずおよそ宗教というものは、絶対者である神仏の力によってわれわれ人間が救済されるものだからです。したがって、すべての宗教がみな「他力」です。一〇〇パーセントの「自力」なんて、神や仏の力を否定している、いや存在そのものを否定していることになりますから、非宗教なんです。

ですから、「自力」の仏教というのは、仏の力を根底におきながら、なおかつそこに人間の力を加えようとするものです。

わたしがいつも解説に使っている話ですが、中世インドのヒンドゥー教の神学論争において、

――「猿の道」と「猫の道」――


の論争がありました。危険が迫ってきたとき、仔猿は母猿のおなかにしがみつきます。すると母猿は仔猿をかかえたまま逃げます。実質は母猿が仔猿を救ってくれているのですが、仔猿はそのとき「しがみつく」という自力を加えています。これが北方派の主張で、われわれ人間は神の恩寵よって救われるが、それに人間の側の努力も必要だというのです。

一方、南方派のほうは、「猫の道」を主張しました。危険が迫ったとき、母猫は仔猫の

首をくわえて遠くに運びます。仔猫は何もしていません。われわれ人間は何もする必要はなく、神の恩寵にすべてをまかせておけばよい。南方派はそう主張しました。

これでお分かりのように、猫の道は絶対他力で、すべてを絶対者におまかせすればいいのです。そこで必要なのは、絶対者は必ずわたしを救ってくださるといった「信心」だけです。

それに対して自力である猿の道は、絶対者がわたしを救ってくださるのですが、そう信じるほかに、絶対者の救済力が発揮されるような条件を、人間の側でつくる必要があります。それが「自力」と「他力」の違いです。

▼「加持」と「入我我入」

では、密教は、「自力」でしょうか、「他力」でしょうか？　いま述べたように、それが宗教であるかぎり、一〇〇パーセント完全な自力というものはありません。密教においては、基本にあるのは大日如来の救済力だから、もちろん「他力」です。問題は、そこに人間の側の「力」が必要か／否かです。

ところで、密教の用語に、

――加持《かじ》――

があります。俗に〝加持祈禱〟といって、現世利益を求める祈禱の意味に使われますが、これは誤用といってよいでしょう。「加持」と「祈禱」はまったく違ったもので、それを並べるのは、まちがいです。

では、「加持」とは何でしょうか？

この語について、空海は次のように説明しています。

加持とは古くは仏所護念といひ、または加被といふ。然りといへども、いまだ委悉を得ず。加は往来渉入をもつて名とし、持は摂して不散をもつて義を立つ。すなはち入我我入これなり。（『大日教開題』）

加持の義、加とは諸仏の護念なり。持とは我が自行なり。（『秘蔵記』）

加持とは如来の大悲と衆生の信心とを表す。仏日の影、衆生の心水に現ずるを加といひ、行者の心水よく仏日を感じるを持と名づく。（『即身成仏義』）

現代語訳もつけずに引用したもので、読者は困惑しておられるかもしれません。しかし、現代語訳をつけても、それでよく分かるかといえば、そうではありません。だからこのままにして、あとは解説をつけることにします。
さて、空海は、〝加持〟を〝加〟と〝持〟に分解して捉えています。これは、原語のサンスクリット語の〝アディスターナ〟（「上に立つ」といった意味）からすれば、そういう解釈はできませんが、空海は漢字からしてそう考えたのです。
そして空海は、仏が太陽（仏日）で、衆生が水だとすれば、
水に太陽が映るのが……「加」で、
水が太陽を感じるのが……「持」だ、
と言っています。
もちろん、太陽というのは、大日如来の慈悲心です。衆生を護ってやろうと念ずる心です。そして衆生のほうでは、自分は仏に護念されていると信じる。そのときが加持になるのです。
だからそれは「入我我入」だと空海は言っています。「入我我入」とは、「仏入我、我入仏」です。仏が我の中に入って来られ、我が仏の中に入って行くのです。そうすると、仏と我とが合一します。ドッキングします。一つになります。それが「入我我入」の境地であり、「加持」の結果です。

▼三密加持

では、どのようなテクニックによって、「入我我入」が果たされるか？　真言密教では、そこで「阿字観《あじかん》」を説いています。蓮華《れんげ》の上に月輪《がちりん》を描き、その月輪の中に悉曇《しったん》文字のaを書いたものを眼前に掲げ、行者は瞑想によって阿字を通して大日如来と一体なる観法が阿字観です。

ですが、われわれはそのような修行法は無視することにします。わたしたちは、密教をどのように日常生活の中で実践すればよいのかに関心があるからです。

そうすると、日常生活の中でどのような実践をすれば、われわれは大日如来とドッキング（合一）できるでしょうか？　この問いに対しては、詳しいことはあとで述べますが、

——三密加持——

の理論があります。これは、わたしたちの日常の行為を、仏の行為と一致させようとする考え方です。

わたしたちの日常の行為は、大きく分けると、

1　身業《しんごう》……身体的・肉体的行動、

2　口業《くごう》……言語的活動、

3　意業《いごう》……心の活動、

の三つになります。これを「身口意《しんくい》の三業《さんごう》」といいます。〝業〟とは「行為」の意味です。

凡夫の場合は、その行為は「身口意の三業」ですが、大日如来の行為はわれわれの思慮を絶した不思議な働きです。したがって、仏の場合は、それを「身口意の三密」といいます。

そして、大日如来が慈悲心でもって衆生の業に働きかけてくださり、衆生のほうはその大日如来の働きかけを感得し、信じます。そうすると、「身口意の三業」が「身口意の三密」とぴったり一致するようになります。それが「三密加持」の理論です。その詳しいことは、以下の章で述べます。

▼三力の理論

話がちょっと横に逸《そ》れたようですが、もう一度元に戻しましょう。

加持の考え方は、空海が言うように、まず大日如来の慈悲心による働きかけ（加）があって、凡夫がそれを感得し、信じる（持）わけです。凡夫のほうには、大日如来の力を保持するという自力が必要です、だから密教は、他力ではなく自力の仏教です。

ところが、じつは密教は、自力か／他力かといったふうには考えないで、

――三力――

を説いています。三つの力があるというのです。その三力とは、『大日経』（悉地出現品）によると、

1　功徳力《くどくりき》……行者自身が功徳を積むことによって得られる力で、これは自力になります。

2　加持力……如来加持力ともいって、大日如来が慈悲によって衆生を守護する力です。したがって、他力になります。

3　法界力《ほっかいりき》……これは、マンダラ大宇宙の力といってもよいでしょう。われわれが功徳を積んでいると、大日如来がそれに応じてくださり、さらに全世界、全宇宙からの無形の力が加わってきます。それが法界力です。

最近、わたしもしみじみと感じることがあります。わたしが仏教の勉強をしていると、周囲の人が有形・無形の力でもって応援してくださるのです。仏教に関係のない、キリスト教・イスラム教・ユダヤ教、そしてヒンドゥー教・儒教・道教・神道の本の執筆を頼まれたこともあります。しかし、他の諸宗教の本を執筆しているうちに、わたしの仏教理解が深まるのです。わたしは、それが法界力だと思います。わたしにいろんな本の執筆を頼

んでくれた出版社とその社員、講演会の講師に招いてくださった人々、そして読者や聴衆、すべての人がわたしに仏教を教えてくださっているのです。わたしはそのように考えます。

それはともかく、密教は「三力」を説いています。自力（功徳力）と他力（加持力）のほかに、法界力を説いているのです。したがって、密教は自力か、他力かと問うことはおかしいのです。密教においては、マンダラ大宇宙の力というものを考えねばならない。わたしはそう思っています。

▼法界力が働く

いや、わたしはいま、密教は三力を説くと言いましたが、この「三力」の見方はあらゆる仏教を見るときに当てはまると思います。自力か／他力か、といった問いそのものが、仏教では成り立たないのです。わたしがすでに述べたように、一〇〇パーセントの自力だと仏教ではありません。そこに法界力——マンダラ大宇宙の力——が加わらないと、仏教にならないのです。

その点では、『法華経』（譬喩品）が次のように言っています。

若《も》し行かんと欲する時には、宝華《ほうけ》が足を承《う》く。

これは、釈迦が舎利弗《しゃりほつ》（シャーリプトラ）に言われた言葉です。

「舎利弗よ、あなたはいずれ仏となり、仏国土を建立《こんりゅう》するであろうが、その仏国土には数多くの菩薩がいる。そしてその菩薩たちが仏道を歩むときには、美しい華《はな》（宝華）が咲いて、その足を受けとめる」

つまり、仏道を歩もうとする菩薩には、その行き先に自然に美しい華が咲いて、どこに行けばよいかを教えてくれるというのです。わたしは、この宝華こそが法界力だと思います。

また、禅籍『無門関』には、次の公案があります。

> （南泉）因《ちな》みに趙州問う、「如何なるか是《こ》れ道」。泉曰《いわ》く、「平常心《びょうじょうしん》是れ道」。州云《いわ》く、「還《かえ》って趣向《しゅこう》すべきや」。泉曰く、「向かわんと擬《ぎ》すれば即《すなわ》ち乖《そむ》く」。州云く、「擬せずんば、争《いか》でか是れ道なることを知らん」。泉曰く、「道は知にも属せず、不知にも属せず。知は是れ妄覚《もうかく》、不知は是れ無記《むき》。若《も》し真に不疑の道に達せば、猶《な》お太虚の廓然《かくねん》として洞豁《とうかつ》なるが如《ごと》し。豈《あ》に強《し》いて是非《ぜひ》す可《べ》けんや」。州、言下《ごんか》に頓悟《とんご》す。（第十九則）

——南泉（南泉普願《ふがん》。七四八―八三四）はあるとき、弟子の趙州（趙州従諗《じゅうしん》。七七八―八九七）から、「道とはどういうものか？」と尋ねられ、「平常心是れ道（日常の心が道だ）」と答えました。すると趙州は、「それを努力の目標としてよいのですか？」と問います。南泉は、「いや、それについてあれこれ思案をすると、かえって離れてしまう」と答えます。

「それについて思案しないで、どうしてそれが道だとわかりますか？」と趙州。「道というものは、知る・知らないを超越したものだ。知ったというのは妄想《もうそう》だし、知らないというのは白紙だ。もし真に疑いのない道に到達したら、それは虚空《こくう》のごとくカラリとしている。だから、それについてああだこうだと議論する必要なんてありはしない」と南泉は答えました。その言葉を聞いて趙州はたちまち悟ったのです——

わたしたちは、どのように仏道を歩めばよいか……と考えます。でも南泉は、「そんなこと、考える必要はない」と教えています。わたしたちは、ただごくあたりまえに日常生活をすればよいのです。そうすると、法界力が働いて、わたしたちを歩ませてくれます。それが禅僧の南泉の考えであり、密教の考え方なんです。わたしはこの公案を、そのように読んでいます。

▼マンダラ大宇宙に飛び込む

要するに密教というのは、マンダラ大宇宙に飛び込めばいいのです。マンダラ大宇宙に飛び込むというのは、

〈わたしはマンダラ大宇宙の中で、大日如来の加持力をいただいて生かされているのだ〉

と信じることです。そのように信じられれば、あなたはマンダラ大宇宙に飛び込んだことになります。

この宇宙空間には、宇宙線（cosmic rays）が充満しています。しかし、わたしたちは宇宙線の存在を知らないでいます。一九一二年に物理学者のヘス（一八八三—一九六四）が、はじめてその存在を確認しました。しかし、物理学者が確認しようと／しまいと、宇宙線が宇宙空間に存在していることにまちがいはありません。

それと同じです。このマンダラ大宇宙には、大日如来の加持力と法界力が充満していいます。多くの人はそれに気づかないで、知らないで生きています。そして、ちっぽけな凡夫の力だけでもって、この世をあくせく、いらいら、がつがつと生きています。

わたしたちは、マンダラ大宇宙に生かされていることに気づこうではありませんか。

マンダラ大宇宙には法界力が充満し、大日如来の加持力のあることに気づき、信じよう

ではありませんか。

それが信じられたとき、あなたはマンダラ大宇宙に飛び込んだことになります。

そのあとは、法界力と加持力におまかせして、のんびり、ゆったりと生きましょう。それが密教的生き方だと、わたしは思います。

8

印相とほとけ顔

▼印を結ぶ

もうすでに結論的なことは書いてしまったのですが、残りの三章においては、「三密加持」といった観点から、密教的な日常生活を送るためのヒントを差し上げたいと思います。

＊

前章に述べたように、われわれ凡夫の身体的行動は「身業」と呼ばれます。その行動はよく目に見えるからです。

けれども、仏の身体的行動はわれわれの目に見えません。大日如来は姿なき存在です。時間と空間を超越した宇宙仏だから、時間と空間の上には存在しないのです。

かつて歴史的に（時間と空間の上に）存在していた釈迦仏も、すでに入滅され、久遠実成の仏、すなわち宇宙仏となっておられます。極楽浄土の仏である阿弥陀仏も、考えてみれば宇宙仏であり、だからわれわれには非存在です。

ですから、仏の身体的行動をわれわれは目で見ることはできないのだから、それを「身業」ではなしに「身密」と呼びます。

そして、密教においては、「身業」と「身密」を一致させようとします。それが「身密加持」です。いわば身体的行動において仏をまねるのです。

まねるといっても、仏の身密はわれわれの目には見えていないのだから、まねのしようがありません。

そこで密教においては、

――印相《いんそう》――

が用いられます。〝印相〟は〝印契《いんげい》〟〝密印《みついん》〟ともいい、また略して〝印《いん》〟ともいいます。

古来、インド舞踊などにおいては、手の指の姿によって、意志や感情を表現する習慣がありました。それが仏像に摂り入れられたのです。われわれが釈迦仏の仏像を見るとき、右手の人差し指を大地に触れている降魔印《ごうまいん》（あるいは触地印《そくちいん》）があります。あれは、釈迦が手の先を大地に触れると、地神が出現して釈迦の成道を証明し、魔軍が退散したことを

降魔印《ごうまいん》（触地印《そくちいん》）

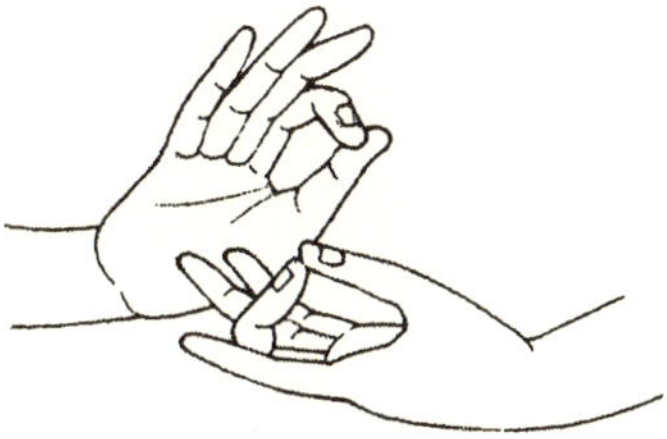

説法印（転法輪印《てんぼうりんいん》）

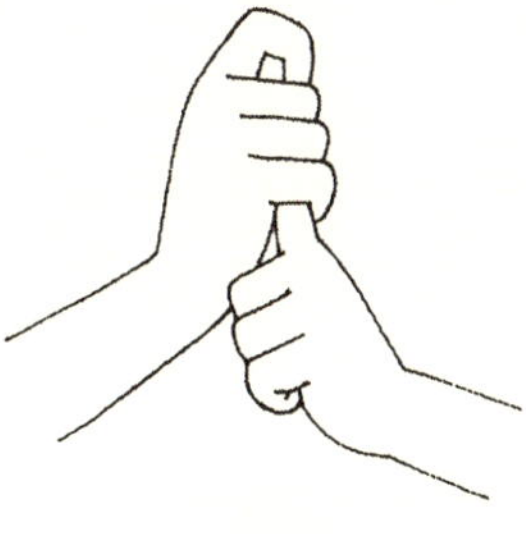

智拳印《ちけんいん》

禅定印《ぜんじょういん》（法界定印《ほっかいじょういん》）

表現しています。また説法印は、釈迦が弟子たちに説法していることを表現しています。そして禅定印《ぜんじょういん》は、釈迦の禅定する姿を表わしています。

このように印相は、さまざまなことを語っています。

密教においては、釈迦仏の禅定印を法界定印《ほっかいじょういん》と呼びます。これは、胎蔵マンダラの大日如来の印です。金剛界の大日如来の印は智拳印《ちけんいん》と呼ばれるもので、両手ともに親指を中に入れて拳をにぎり、左手の人差し指を右拳がにぎるものです。これは、あらゆる煩悩を滅して仏の智を得る印とされています。

われわれ凡夫も、印を結ぶことによって、仏の身密とドッキングできる。それが密教の考え方です。

▼合掌印

さて、密教にはさまざまな印があります。専門の行者にとって、印を結ぶことは大事なことです。でも、わたしたち一般の人間は、あまり専門的なことは知らなくてよいと思います。わたしたちは、ただ、

――合掌印――

だけを学べばよいでしょう。もっとも、この合掌印にだって、細かくいえば十二合掌印

があるとされています。しかし、わたしたちは、両手の掌と指を合わせた、ごく普通の合掌印だけを知っておけば十分でしょう。

ところで、わたしたちはほとけさまを拝むときに合掌します。その意味では、合掌とはほとけを拝む行為です。

だが、よく考えてみれば、仏像（特に菩薩像）のうちには、合掌しておられるものが多いですね。あれはいったい誰を拝んでおられるのでしょうか？　もちろん、衆生をです。わたしはそう考えます。

ということは、拝むという行為の根源には、まずほとけさまのほうからわたしたち衆生を拝んでくださるという礼拝行があります。それに応えて、わたしたちはほとけさまを拝むのです。

ほとけさまはわたしを拝んでくださる。だからわたしも、ほとけさまを拝むのです。

ほとけさまは、わたしの周囲にいる人を拝んでおられる。だからわたしも、ほとけさまに拝まれている人を拝むのです。そうでなければなりません。

前にわたしは、他人のことはほっとけ！　と言いました（一三二ページ参照）。それは、あの人は良い人／悪い人、救われるに値する人／救われる価値のない人、といったふうに査定するな！　という意味です。他人を救われるのはほとけさまですから、ほとけさまにおまかせしておけばよい。わたしはそういう意味で言ったのです。

しかし、ほとけさまはいっさいの衆生を拝んでおられます。だからわたしたちは、すべての人を拝まねばなりません。

ここに合掌の意味があります。すべての人を拝むこと。それが日常生活の中での密教の実践です。わたしはそう考えます。

▼憎みながら拝む

『法華経』の「常不軽菩薩品《じょうふぎょうぼさつほん》」には、

――常不軽菩薩の礼拝行――

が説かれています。この常不軽菩薩というのは、じつは釈迦仏の過去世における姿なのです。

彼は道で出会うすべての人に対して、

「われ深く汝等《なんだち》を敬《うやま》う。敢えて軽《かろし》め慢《あなど》らず。所以《ゆえ》は何《いか》ん。汝等は皆菩薩の道《どう》を行《ぎょう》じて、当《まさ》に仏と作《な》ることを得べければなり」

――「わたしは深くあなたがたを尊敬します。決して軽《かろ》んじたり、見下げるようなことはしません。なぜかといえば、あなたがたは菩薩の道を歩み、いずれ仏になられる人だからです」――

と言って拝みました。そんな簡単な礼拝行の実践によって、常不軽菩薩はのちに釈迦仏となることができたのです。いや、わたしは簡単な礼拝行と言いましたが、行そのものはシンプル（単純）であっても、簡単に実践できるとはかぎりませんよね。

わたしたちには、怨み・憎む者がいます。どうしても好きになれない人がいます。だが、このことは前にも言いましたが、礼拝行はすべての人を好きになれと言っているのではありません。

――ただ拝め！――

礼拝行は、それだけです。憎みながら、嫌いながら拝めばいいのです。もっとも、憎みながら、嫌いながら拝むということは、なかなかむずかしいことですが……。

昔、こんな話を聞いたことがあります。

嫁との折り合いが悪くて、自分から老人ホームに入ったお姑《しゅうとめ》さんがいました。老婆は嫁の悪口をいっぱい持っていました。自分は死ぬまで嫁の悪口を老人ホームの仲間たちに言ってやろう。それだけの悪口のネタは持っているつもりでした。

ところが、ものの一か月もしないうちに、もう言うことがなくなってしまったのです。老人ホームの仲間たちに話して聞かせる種がなくなってしまったのです。

まあ、それで、悪口の言える、その嫁がなつかしくなった、というのですね。

そういうものだろうと思います。

わたしたちは、憎い奴がいると、あんな奴はいなければいいのに……と思ってしまいますが、その人がいなければ、その人を憎むことすらできないのです。憎むという関係も、一つの人間関係なんです。憎い相手がいなければ、わたしたちは憎しみという人間関係すら持てないのです。

だとすれば、わたしは、このお姑さんは礼拝行をすればよかったのだと思います。嫁をしっかりとほとけさまと拝んで、そして憎ませてもらえばよかったのではないでしょうか。

いや、老人ホームに入りたければ、入ってもいいのですよ。でも老人ホームで老婆がするべき仕事は、嫁をしっかりと拝むことだと思います。憎みながら拝む、嫌いながら拝む。それが老婆のすべき礼拝行ではないでしょうか。わたしはそう思うのです。

▼千手観音との喧嘩

「先生、最悪の喧嘩相手は、千手観音ですよね。あの千本の手でボカスカ殴られてはたまりませんよね」

あるとき、大学生がわたしにそんなジョークを言いました。わたしはそれがジョークだと知りながら、彼にこう言い返しました。

「きみね、それはまちがいだよ。きみは、千手観音は千本の手を全部使って人を殴られると思っているが、それは違う。もし千手観音が人を殴られることがあっても、そのときは一本の手しか使わない。残りの九百九十九本は、やさしく人を撫《な》でられる手なんだ」

そうなんです。千手観音像を見ていただくと分かりますが、基本となる中央の両腕は合掌しておられます。あれは、千手観音のほうからわたしたち衆生を拝んでくださっているのです。もしもわれわれ衆生に非があって、わたしたちを殴るようなことがあっても、千手観音は一本の手だけしか使われません。残りの手は、わたしたちをいたわり、わたしたちを助けるために使ってくださる手なんです。

わたしたち人間は、二本の手しか持っていません。にもかかわらずその両腕を使って、相手と喧嘩します。それではいけないのです。たとえ喧嘩をするときでも、わたしたちは相手を拝みながらすべきです。わたしは大学生に、そのように話して聞かせました。

▼ほとけ顔

〝ほとけ顔〟といえば、ほとけのように柔和で慈悲深い顔をいいます。仏像を見ると、ほとけさまはみんな柔和な顔をしておられます。もっとも、おっかない顔をしたほとけもないわけではありません。不動明王や愛染明王がそれです。明王というのは、ほとけの世界で警察官の役割をしておられると思えばいいでしょう。

まあ、明王のような例外はあっても、ほとんどのほとけさまはやさしい顔をしておられます。その、やさしい顔をするのも、わたしは「身密加持」だと思うんです。わたしたちがほとけをまねて生きる、その生き方とは、常に柔和な顔つきでいることではないでしょうか。

幸田露伴《ろはん》の娘である幸田文《あや》（一九〇四―九〇）が、『動物のぞき』（新潮文庫）というエッセイに書いています。動物園のベテランの飼育係が、ゴリラの檻へ一本指を入れます。するとゴリラがやって来て、その指を甘噛《あまが》みするのです。相当に馴《な》れた飼育係でも、そんなことは恐ろしくてできない芸当だそうです。

ところがその彼が、ある日、まったく別のことで不機嫌になっていました。むしゃくしゃしていました。それで気を晴らすために、ゴリラの檻に一本指を入れたところ、ゴリラはその指をぱくんと食いちぎり、爪から先がなくなったそうです。

ゴリラは、飼育係の立腹の感情、不機嫌、むしゃくしゃを、自分への攻撃と受け取ったのです。

わたしもよく妻に言われます。「そんなに腹を立てないでください」と。わたしは、「なにも俺はおまえに腹を立てているのではない。あいつが悪いんだ」と言うのですが、誰に対する立腹でも、周囲の人は不快になります。ゴリラには、飼育係が別の対象に腹を立てているのだと説明しても、分かるわけがありません。立腹そのものが自分に対する攻撃と受け取るのは、ゴリラにすれば当然のことなんです。

そしてわたしたちは、日常生活において仏のまねをするのです。それは不機嫌、立腹をやめることです。

といっても、なかなかできることではありません。でも、腹が立って不機嫌な顔になっても、気がついたとき、ほとけ顔をするのです。笑顔をするようにします。

わたしたちは赤ちゃんの笑顔を見て、うれしくなります。あの笑顔こそほとけ顔です。

そして赤ん坊は、いま泣いていたかと思うと、すぐににこにことします。赤ん坊にはなんのこだわりもありません。わたしたちおとなは、いままで泣いていたのだから、すぐににこにこするのはおかしい……と思ってしまいます。変なこだわりがあるからです。だから赤ちゃんのように、いままで不機嫌でいても、気がついたらすぐにほとけ顔になればいいのです。それが日常生活の中で、身密加持を実践するやり方だと思います。

9

愛語を語ろう

▼真言と陀羅尼

空海を開祖とする日本の密教の宗派を「真言宗」と呼びます。「真言」とは大日如来の言葉です。しかし、大日如来は宇宙仏であって、時間と空間を超越した存在です。すなわち宇宙に遍満した存在であって、宇宙全体が大日如来です。ということは、真言は宇宙全体に遍満しており、いっさいの言葉が真言といってよいのです。花が咲き、そして散る。それが大日如来の説法です。夜空の星も、大日如来の言葉を語っています。それが真言宗の考え方です。

「真言」は、サンスクリット語〝マントラ〟の訳語です。そしてマントラとは、「ヴェーダ聖典」において、神々に祈願するとき神々に捧げる讃辞です。たとえば、「火の神よ、あなたは神々の中の第一人者です。あなたの前では、他の神々は顔色ありません。だからわたしにご利益をください」と、神を誉め称え、おだてあげ、祈願します。その祈願の句がマントラです。

ところが、こうしてマントラを唱えているうちに、祭祀の執行者（バラモン僧）に自信が生じました。どういう自信かといえば、マントラのうちに梵《ぼん》（ブラフマン）と呼ばれる神聖な力が宿っており、その梵が神々を動かすのだ。いや、マントラを唱えると、その梵の力によって神々はいやでもそう動かざるを得ない。そう考えるようになったのです。したがって、最初はマントラは、

「神々よ、こうしてください」

といったお願いの文句であったのですが、それがのちには、

「神々よ、こうせよ！」

という命令の文句になったのです。それがマントラであり、真言です。

それからもう一つ、真言とよく似たものに陀羅尼《だらに》があります。これはサンスクリット語の〝ダーラニー〟を音訳したものですが、〝総持《そうじ》〟と漢訳されます。

真言と陀羅尼は、現在ではあまり区別せずに使われていますが、本来は陀羅尼は、教法

や教理を記憶し保持するために用いられてた呪文です。たとえば『般若心経』の最後にある、

羯諦《ぎゃてい》。羯諦《ぎゃてい》。波羅羯諦《はらぎゃてい》。波羅僧羯諦《はらそうぎゃてい》。菩提薩婆訶《ぼじそわか》。

がそれです。これは、中村元・紀野一義訳註『般若心経・金剛般若経』（岩波文庫）によりますと、

ガテー　ガテー　パーラーガテー　パーラサンガテー　ボーディ　スヴァーハー

といったサンスクリット語に漢字をあてたもので、

往ける者よ、往ける者よ、彼岸に往ける者よ、彼岸に全く往ける者よ、さとりよ、幸あれ。

という意味です。これは『般若心経』の言っていることをよく要約したものであり、こ

れさえ憶えておけば、『般若心経』の全体を記憶したことになります。

そして、この陀羅尼にも梵（ブラフマン）という神聖な力が宿っており、われわれはこの陀羅尼を唱えることによって、その神聖な力に守護されるのです。それが密教の考え方です。

つまり、密教では、言葉に神秘的な力があるとするのです。それが真言宗の基本の考え方です。

▼言葉のうちにある不思議な力

この、言葉に神秘的な力が宿っているというのは、それほど奇異な考え方ではありません。不吉なことを言えば、その通りのことが起きるといった俗信があります。だから受験生のいる家庭では、〝オチル〟とか〝スベル〟といった言葉が禁句とされています。そういうのを「言霊《ことだま》信仰」といいます。いかを乾したするめを〝あたりめ〟と呼んだり、病院に四号室（死号室に通じます）がないのもそれです。

わたしたちが〝梅干《うめぼ》し〟といった言葉を聞いただけで、口の中に唾液が出てくるのも、言葉の中に潜んでいる不思議な力ではないでしょうか。

『旧約聖書』の「創世記」の冒頭に、こうあります。

初めに、神は天地を創造された。地は混沌《こんとん》であって、闇が深淵の面《おもて》にあり、神の霊が水の面を動いていた。神は言われた。

「光あれ。」

こうして、光があった。……。

このあと、神は次々に言われます。

「水の中に大空《おおぞら》あれ。水と水を分けよ。」

「天《てん》の下の水は一つ所に集まれ。乾いた所が現れよ。」

そして、すべて神が言われた通りになるのです。つまり、神の言葉は、物事が言われた通りになる、不思議な力を持っています。「創世記」はそのように言っています。

この『旧約聖書』の「創世記」にもとづいて、『新約聖書』の「ヨハネによる福音書」の冒頭には、こう書かれています。

初めに言《ことば》があった。言《ことば》は神と共にあった。言《ことば》は神であった。この言《ことば》は、初めに神と共にあった。

ここで、〝言《ことば》〟と表記されているのは、じつは神であり、またイエスなんです。だから、神の言葉が物事をその通りにさせる力があるように、イエスの言葉にも同じ力が宿っているのです。だから、死後四日にもなる死者に向かって、イエスが、

……「ラザロ、出て来なさい」と大声で叫ばれた。すると、死んでいた人が、手と足を布で巻かれたまま出て来た。（同11）

となるのです。イエスの言葉のまま、死者が蘇る奇蹟が実現しています。ユダヤ教やキリスト教においても、言葉のうちに不思議な力のあることが認められています。

▼真言の数例

それはともかく、真言というのは大日如来の言葉です。したがって漢訳仏典においても、

真言や陀羅尼は翻訳せず、サンスクリット語のまま唱えます。ただし、中国には仮名がありませんので、サンスクリット語の音を漢字でもって表記しています。

以下に主な真言を紹介しておきます。ここでは平仮名表記にし、和訳は真言宗豊山派宗務所編『真言宗諸経要集解説』によりました。学者によっては違った訳をする人がいます。

＊光明真言

おん　あぼきゃ　べいろしゃのう　まかぼだら　まに　はんどま　じんばら　はらはりたや　うん

――オーン　不空なるものよ、毘盧遮那よ、摩尼と蓮華よ、光明を放ちたまえ、フーン――

＊大日如来（金剛界）の真言

おんばざらだとばん

――オーン　金剛界（如来）よ、ヴァン――

＊大日如来（胎蔵）の真言

おんあびらうんきゃん
――オーン　ア　ヴィ　ラ　フーン　クハン――

＊阿弥陀如来の真言
おんあみりたていぜいからうん
――オーン　甘露の威光あるものよ、もたらせ、フーン――

＊釈迦如来の真言
のうまくさまんだぼだのうばく
――あまねき諸仏に帰命したてまつる、ブハハ――

＊薬師如来の真言
おんころころせんだりまとぎそわか
――オーン　除去せよ、除去せよ、旋陀羅女よ、魔登伽女よ、スヴァーハー――

＊地蔵菩薩の真言

おんかかかびさんまえいそわか

――オーン　ハ　ハ　ハ　希有なるものよ、スヴァーハー――

＊弥勒《みろく》菩薩の真言

おんばいたれいやあそわか

――オーン　マイトレーヤーよ　スヴァーハー――

＊観音菩薩の真言

おんあろりきゃそわか

――オーン　アーローリックよ、スヴァーハー――

＊不動明王慈救呪《じくじゅ》

のうまくさまんだばざらだんせんだまかろしゃだそわたやうんたらたかんまん

――あまねき諸々の金剛に帰命したてまつる。最悪なる大忿怒尊よ。打ちくだけ。

フーン　トラット　ハーン　マーン――

このような真言には、神聖・不可思議な力が具わっています。それがわれわれを守護してくれる。密教ではそう考えられています。

▼われわれの真言は愛語

しかしながら、プロのお坊さんではないわたしたちは、このような真言を唱える必要はありません。どうしても唱えたい人は、唱えてもいいですが、無理に憶える必要はないのです。わたしたちが日常生活において唱えるべき真言は、

——愛語——

だとわたしは思います。

だが、「愛語」というのは、「アイ・ラヴ・ユー」といった愛の告白ではありません。それは、相手をそっくりそのまま肯定する言葉です。

わたしたちはたいてい、条件をつけた言葉を語ります。

「あなたがおりこうにしていれば、お母さんはご褒美をあげる」

「おまえが現役で大学に合格すれば、マイカーを買ってやる」

しかしながら、これらは愛語ではありません。そこに、「あなたが……すれば」という条件がついています。したがってこれは、「愛語」ではなしに「条件語」と呼ぶべきもの

でしょう。

だが、錯覚しないでください。わたしは、条件語を語るな！　と言っているのではありません。日常生活において、条件語は重要です。現代社会はさまざまな契約にもとづいて運営されていますが、契約というものは条件語なんです。

けれども、真言である愛語は、いっさいの条件はついていません。相手がいまある状態のまま、相手を肯定するのが愛語です。怠け者であるわが子を、怠け者のままで「良し」とします。劣等生であるわが子を、劣等生のままで「良し」とする。それが愛語です。

「お母さんはあなたが大好きよ。あなたがどんなことをしても、お母さんはあなたが好きなんだから……。そのことを忘れないでね」

「お父さんはおまえの味方だぞ。おまえがどんなことをしても、お父さんはおまえの味方だということを忘れるな！」

それが愛語であり、わたしたちが日常生活の中で唱える真言です。

▼愛語のできないときは沈黙せよ！

でも、そんなことをわが子に言えば、わが子がますます怠け者になるのではないか⁉

わが子がますます劣等生になるのではないか⁉　そのような心配をされる方がおいでにな

ります。

あるいは、そういう愛語は嘘だろう。本心からそう思っていないのだから、そんなことを言えば嘘をついたことになる。仏教は「不妄語戒《ふもうごかい》」を制定しているのだから、そんな愛語は仏教の戒に反しないか⁉　そうした心配をされる方もおられましょう。

もしもあなたがそんな心配をしておられるのであれば、あなたは黙っていてください。何も言わないでください。沈黙のほうが、変な条件語よりもましなんです。

わたしたちは、「嘘をついてはならない」と思っています。それはその通りです。でも、だからといって「本当のことを言わねばならぬ」となるでしょうか？

わが子どもたちが幼いとき、子どもたちから「お父さんは音痴だ」と言われたことがありました。わたしが叱ると、子どもたちは、「だって、お父さんが音痴なのは、本当のことだもん」と言います。それでわたしは、

「本当のことだから、言われた人は傷つくのだよ」

と、子どもたちに教えました。背が低くてコンプレックスを持っている人に、「おまえは背が低い」と言えば、その人は傷つきます。本当のことが人を傷つけます。

では、嘘を言うべきでしょうか？

それは違います。嘘はつくべきではありません。

では、どうするか……？　わたしは沈黙すべきだと思います。そのことに関しては何も言わないのです。それが最善だと思います。

それについては、釈迦がこう言っておられます。

自分を苦しめず、また他人を害しない言葉のみを語れ。それが善い言葉である。

好ましい言葉のみを語れ。それは相手に喜んで受けいれられる言葉である。相手にいやがられる言葉は避け、相手に好ましい言葉を語るようにしたほうがよい。（『スッタニパータ』四五一、四五二）

わたしたちは愛語を語るべきです。そして、もしも愛語の語れないとき、そのときは沈黙した方がよいのです。釈迦はそう言っているのだと、私は思います。

▼愛語――人間が人間になるための言葉

それにせよ、言葉というものはなかなかに厄介なものですね。だが、阿弥陀仏信仰に徹した近代の仏教学者の曾我量深《そがりょうじん》（一八七五―一九七一）は、次のように言っています。

言葉のいらぬ世界が仏の世界、言葉の必要なのが人間界、言葉の通用しないのが地獄。なるほど仏の世界においては、言葉は必要ありません。以心伝心で、お互いの気持ちは通じます。

そして地獄においては、いくら話し合っても、言葉は通じません。地獄は競争社会ですから、他人に同情すればそれだけ自分の損になります。だから他人を理解しようとはしないのです。日本の現代社会は、ひょっとすれば地獄になっているのではないでしょうか……？

わたしたちは人間界に住んでいます。だから言葉が必要なんです。

でも、言葉には誤解がともないます。何気なく言った言葉、そんなつもりはなく言った言葉が誤解され、相手を傷つけてしまうのです。その結果、互いに憎み合い、ののしり合わねばなりません。そうすると、この世が地獄になってしまいます。

わたしたちはこの世を地獄にしないために、言葉を必要とします。その言葉は、お互いに分かり合うための言葉であり、赦《ゆる》し合うための言葉であり、喜びを分かち合うための言葉です。そしてそれが「愛語」です。

「愛語」によって、われわれは人間になれるのです。愛語は真言であり、大日如来の言葉

であり、わたしたちが人間になるための言葉です。わたしはそう考えています。いちばん簡単な愛語を教えましょう。それは、

——ありがとう——

です。わたしたちはこの真言を常に唱えるようにしようではありませんか。

▼正しいことは言わない

それから、ちょっと蛇足を加えておきます。わたしは、愛語が語れないときは沈黙したほうがよいと書きました。それでお分かりだと思いますが、わたしは、

——正しいことは言わないほうがよい——

と思っています。でも、そう思いながら、つい正しいことを言っちゃうのです。それが凡夫の浅ましさなんでしょう。

怠けている人に向かって、「怠けてはいけない」と言うのは正しいことです。まちがってはいません。しかし、そんなこと、わざわざ言う必要がありますか⁉ あなたに言われなくても、相手はよく知っています。

相手は、〈怠けてはいけない〉と心の中で思いながら、どうしても怠けてしまうのです。怠けざるを得なくなっているのです。そこのところを理解してあげないといけません。

では、怠けている人に、「怠けてもいいのですよ」「もっと怠けなさい」と言うべきか⁉ そんなふうに言い掛りをつけないでください。あなたは沈黙すればいいのです。黙って相手に同情する。それがあなたのなすべきことです。

ともかく正しいことは言わないでおく。それが愛語だとわたしは思います。

10

大欲・大楽

▼欲望の本質

阿弥陀仏とその浄土に関する代表的な三つの経典の「浄土三部経」の一つに、『無量寿経』があります。その『無量寿経』（上巻）に、

和顔愛語《わげんあいご》

といった用語が出て来ます。〝和顔〟は柔和な顔であり、ほとけ顔です。それと愛語。これは「身密」と「口密」（「語密」ともいいます）であり、前二章で解説しました。

すると、三密のうち残る一つは「意密」です。これは「仏の意《こころ》」です。では、仏の心とはどういうものでしょうか？　結論的に言って、わたしは、それは、

――大欲・大楽――

だと思います。でも、わたしがそう言えば、嘘でしょう、仏の心が大欲、でっかい欲望、貪欲《どんよく》だなんて、そんなはずがないと反駁されるかもしれません。しかし、嘘ではないのです。仏の心とは大欲です。それをこの最後の章においてじっくり解説にすることにします。

$$\text{幸福} = \frac{\text{充足}}{\text{欲望}}$$

＊

しかし、その前に、わたしたちはそもそも欲望というものはどういうものか……について考察しておきましょう。

わたしたちは欲望を持っています。欲のない人間なんていません。誰もが欲に生き、その欲望を充足させようとします。そして、欲望が充足されると幸福になれると考えています。上に掲げた公式で考えているのです。

だが、この公式はまちがっています。なるほど、眠たい、腹が減った、喉が渇いたといった生理的欲求の場合、眠る、飯を食う、水を飲むといったことによって、その欲求は消

滅します。

ところが、欲望の場合は、そうはいきません。

仏教においては、「欲望」をサンスクリット語で〝トリシュナー〟と呼び、漢訳仏典はこれを〝渇愛《かつあい》〟と訳しています。〝トリシュナー〟の原義は「渇き」であって、喉がからからに渇いた状態です。先ほどは、この生理的渇きは水を飲めば解消されると言いましたが、あいにく水がなくて海水しかないとします。救命ボートで漂流していて、真水がなく、たまりかねて海水を飲みます。その海水が渇きを癒してくれるでしょうか。そうではありません。海水を飲めば飲むほど、ますます渇きがひどくなります。それがトリシュナー（渇愛）です。

われわれの欲望は、このトリシュナーです。欲望を充足すればするほど、ますます欲望が肥大化します。

年収一千万円の人が、〈三千万円の年収があればいいのに……〉と欲を持ちます。しかし、彼の年収が三千万円に達しても、彼は満足しません。幸福になれません。

〈そりゃあね、昔は三千万円を目標にしていた。でも、いまじゃあ三千万円では満足できない。せめて五千万円が欲しい〉

となります。これが欲望の肥大化です。そして、分母が大きくなるのだから、幸福はますます小さくなります。わたしたちは、いくら欲望を充足させても幸福になれないことをよく知っておいてください。課長になれば部長、部長になれば局長……と、どこまでも欲望は大きくなるものです。それが欲望の本質です。

$$幸福 = \frac{安心}{小欲}$$

▼小乗仏教の禁欲主義

そこで仏教では、この欲望を小さくすることを考えます。仏教といっても、この場合は小乗仏教なんですが、小乗仏教の考え方は、欲望を小さくし、同時に安心を得ようとします。心の平安を獲得しようとするのです。したがって、上の公式になります。

だが、これではなかなか幸福になれません。

なぜなら、「小欲」も「安心」も、本人の努力によって得られるものです。相当に覚悟して努力しないと、なかなか小欲にはなれないし、心の平安は得られません。そこで小乗教徒は、小欲と安心を得るために出家して修行します。それが故に、小乗仏教の出家者は、出家もせずに努力しない在家信者を馬鹿にするのです。彼らは出家至上主義者であり、みずからのエリート性を鼻にかけているのです。

それからもう一つ。「小欲」は努力目標です。小欲になることによって分母が小さくなり、割り算をした結果である「幸福」は大きくなります。それはいいのですが、「小欲」を目指すと、ややもすれば「無欲」が理想とされます。無欲というのは、欲望がゼロです。しかし、ゼロでは割り算ができませんから、この公式そのものが成り立たなくなります。かといって、これでいいのだといった理想の「小欲」は見つかりませんから、彼らはどうしたらいいいか、分からなくなります。つまり、釈迦が教えた、

——中道——

の精神に立つことが困難になるものです。そのために、小乗仏教はどうしても禁欲主義になります。禁欲主義だと、人生はおもしろくないですね。そこに小乗仏教の欠点があります。

▼大乗仏教の「少欲・知足」

だから、のちに大乗仏教が興起したのです。大乗仏教は、釈迦の入滅後ほぼ五百年ほどして、既成の仏教である小乗仏教に向かって、

「あなたがたはまちがっている！　釈迦世尊の教えを踏みにじっている！」

と主張して登場した仏教です。

では、大乗仏教は、欲望についてどう考えているのでしょうか。それは、次のページの

公式になります。

ここで「少欲」は、小乗仏教の「小欲」ではありません。「小欲」は小さな欲望ですが、「少欲」は欲望を少なくするといった動詞形です。あなたは、欲望はいっぱい持っていていいのです。だが、気づいたときに、それを少なくします。その少なくすることによって、分母が小さくなりますから、あなたは幸福になれます。

それから、「知足」も「安心」とは違います。

「安心」は心が平安に達した状態です。そんな状態に達することはめったにありませんが、それでもそこに達しないといけないのです。しかし「知足」は、あるとき、あなたが、

〈ありがとうございます。わたしはこれで十分です〉

と思うだけでよいのです。これも動詞形だと考えてください。つまり、そのときそのときにあなたは「少欲・知足」になっており、そのときそのときにあなたは「幸福」になっているのです。

これは大事なことです。わたしたちの欲望は、通常、膨らんでいきます。そしてその欲望を充たそうとして、あくせく、いらいら、がつがつとしています。それはそれでいいの

$$幸福 = \frac{知足}{少欲}$$

です。もっと欲のない人間になろうと思っても、なかなかそうはなりません。わたしなんか、老齢になると欲が小さくなるものだと思っていましたが、実際、ある種の欲は小さくなりましたが、年をとってむしろ貪欲になった面もあります。だから、気がついたとき、ちょっと欲を少なくするとよいのです。これは欲深い人のほうが簡単にできそうですね。普段は欲深くても、ある瞬間に気がついて、ちょっと欲を少なくする。そうするとたちまち幸福になれる。大乗仏教はそういうやり方をすすめています。

幸福＝大欲×大楽

▼熊に追われる

さて、次に密教です。密教は、前にも言いましたように、「大欲・大楽」を教えています。上の公式になります。

だが、ここで「大欲・大楽」という場合の〝大〟は、大／小を比較していう大ではありません。世に言う大／小を超越した大であって、絶対的な大、大そのものなんです。

わたしたちが大／小を比較するとき、物差しを使います。重さであれば体重計を使います。その目盛りをどこまでも細かくして、大／小を決めます。

しかし、ほとけさまが使われる物差しは、目盛りのない物差しだということを、すでにわたしは6章で書きました。ここで「大欲・大楽」というのは、そういうほとけさまの物差しで測った「大」です。あるいは測らない「大」、比較しない「大」です。

ですから、すべての物が「大」なんです。小さい物なんてないのです。

ということは、あらゆる人が幸福なんです。

にもかかわらず、わたしたちは自分を他人と比較します。ただでさえ比較するのが人間の性《さが》なのに、現代日本は猛烈なる競争社会になっています。競争原理が支配する社会です。それが資本主義の特質かもしれません。

そのような競争原理の支配する社会においては、わたしたちは、他人に負けたくない、他人に勝ちたいと思ってしまいます。そして自分と他人をくらべることをするのです。

こんな話があります。

《二人の男が、山道を歩いていて熊に襲われた。二人は一目散に逃げ出したが、どう考えても熊の方が速い。一人の男が言った。

「もうだめだ。熊よりも速く走るなんて無理だよ」

もう一人が言った。

「いや、君よりも速く走ることができればいいのさ」》

これは、小田亮『利他学』（新潮選書）に出てくる話です。

つまり、ここでは、「きみが熊に食われろ。そのあいだにぼくは逃げる」といった競争原理が働いているわけです。そして、生き残った方が幸せだ、と考えられています。ということは、競争原理に立脚した幸福は、敗者を必要とする幸福です。

でも、そこで使われている物差しは確かですか？

相手よりも速く走れたほうが生き残れますか？　そうとはかぎりません。ばったり倒れたほうはそのままにしておいて、熊は、速く走っているほうを追いかけるかもしれません。かりに速く走って、生き残れたとします。それが幸福ですか？　彼は大怪我をして、身体障害者になる可能性もあります。〈あのとき、熊に食われていたほうが幸せだった〉と思うかもしれません。

いや、そのとき大怪我をしなくとも、人生には何が起きるか分かりません。のちに借金取りに追い掛け回わされて、地獄の苦しみを味わうかもしれません。

生き残ったほうが幸せだという物差しは、あんがいに不正確なんです。

▼絶対的な幸福

そんな寓意的な話よりも、現実の日本の社会はもっとシビア（深刻）かもしれません。

ある企業が経営が悪くなって、社員の一部を解雇しました。解雇されなかった者は、

〈あの人たちは能力が低いので解雇されたんだ。自分は勝ったんだ〉と思っていました。ところが、一年もしないうちに会社は倒産し、社員は全員失業しました。この場合、どちらが勝者でしょうか？

一年前に解雇された者は、曲《ま》がりなりにも退職金を貰っています。しかし、会社が倒産すれば、退職金なんて貰えませんね。どちらが得か／損か分かりません。自分は損をしたくない。得をしたい。そのような欲望にもとづく物差しは、当てにはなりません。そんな物差しで生き方を決めること自体が、とても不幸なことです。

わたしたちは何が幸福なのかを知りません。それ故、どうすれば幸福になれるのかも分からないでいます。ただ漠然と、〈幸福になりたい〉と思っています。

われわれは、金があれば幸福だと思っています。だが、不幸な大金持ちはいっぱいいます。長生きしたいという欲望を持っています。しかし、長生きして痴呆症になったり、ベッドに縛りつけられて生きている老人は大勢います。長生きの結果、不幸になるのです。だから、〈金持ちになりたい〉〈長生きしたい〉〈出世をしたい〉といったみみっちい欲望は持たないようにしましょう。みみっちい欲望がかなえられてかえって不幸に歎くはめになることも多いからです。

持つのであれば、「大欲」を持ちましょう。

「大欲」とは、すべてをほとけさまにおまかせして、

――どうか、ほとけさまがいいと思われるようにしてください――

とお願いすることです。わたしたちはマンダラ大宇宙に生きていますから、そうお願いすれば、わたしたちにほとけの加持力と法界力が加わり、絶対の幸福になれます。そう信じて、すべてをほとけにまかせるのが、「大欲」なんです。

そうして、どんな結果になっても、

〈ああ、わたしは幸せなんだなあ……〉

と思えばいいのです。あなたが貧乏になっても、病気になっても、ほとけがそのようなあり方をあなたのために選んでくださったのだから、それをありがたく頂戴すればいいのです。

それが「大楽」です。

自分を他人と比較してはいけません。幸福度を測定する物差しはないのだから、比較のしようがありません。他人《ひと》は他人、自分は自分です。いつでも〈わたしは幸福なんだ〉と思うことが「大楽」です。自分がいまある状態が絶対的幸福です。他人と比較しての相対的幸福ではなく、絶対的な「大」幸福です。

密教は、そのような「大欲・大楽」をわたしたちに教えてくれているのです。

［著者略歴］

ひろ さちや

1936年、大阪市に生まれる。東京大学文学部印度哲学科卒業。同大学院人文科学研究科印度哲学専攻博士課程中退。

気象大学校教授を経て、現在、仏教・インド思想の研究、執筆等に幅広く活躍。仏教を、一般の人々に平易な言葉で伝えている。主な著書に『仏教の歴史』（全10巻）『仏教　はじめの一歩』『人間の生き方を道元に学ぶ』『因果にこだわるな』『釈迦』『仏陀』『面白いほどよくわかる世界の宗教／宗教の世界』『親鸞』『法然』『道元』『仏教の釈迦・キリスト教のイエス』『大乗仏教の真実』『生活のなかの神道』（以上、春秋社）、『自分らしく生きるための禅』（中経出版）、『日本仏教史』（河出書房新社）、『〈法華経〉の世界』（佼成出版社）、『「孤独」のすすめ』（SBクリエイティブ）、『気にしない、気にしない』（PHP研究所）など600冊を超える。

JASRAC 出 1808670-801

ひろさちやのいきいき人生4
密教にまなぶ
二〇一八年九月二〇日　第一刷発行
著者　ひろ　さちや
発行者　澤畑吉和
発行所　株式会社春秋社
東京都千代田区外神田二―一八―六（〒一〇一―〇〇二一）
電話　〇三―三二五五―九六一一（営業）
〇三―三二五五―九六一四（編集）
振替　〇〇一八〇―六―二四八六一
http://www.shunjusha.co.jp/
装幀　伊藤滋章
印刷所　信毎書籍印刷株式会社
製本所　根本製本株式会社
定価はカバー等に表示してあります

ISBN978-4-393-13414-6